HAN XIN
韩信的故事

王艳娥◎主编

榜样的力量

榜样的力量是无穷的，好的榜样能给我们积极的思想、正确的行为、良好的习惯、完善的人格。树立了榜样就等于找到了自己前行的方向。

榜样是无比强大的力量源泉。

北方妇女儿童出版社

图书在版编目（ＣＩＰ）数据

韩信的故事/王艳娥编著. -- 长春:北方妇
女儿童出版社,2010.3(2021.1重印)
（榜样的力量）
ISBN 978-7-5385-4465-7

Ⅰ.①韩… Ⅱ.①王… Ⅲ.①韩信
（前228～前196）—传记—少年读物 Ⅳ.①K825.2-49

中国版本图书馆CIP数据核字(2010)第045612号

韩信的故事
HANXIN DE GUSHI

出 版 人：刘 刚
责任编辑：张 力 刘聪聪 于 潇
开 本：650mm×960mm 1/16
印 张：12
字 数：128千字
版 次：2010年3月第1版
印 次：2021年1月第6次印刷
印 刷：三河市三佳印刷装订有限公司
出 版：北方妇女儿童出版社
发 行：北方妇女儿童出版社
地 址：长春市福祉大路5788号
电 话：总编办：0431-81629600

定 价：33.80元

序言

　　"江山代有才人出"，在人类历史的长河中，涌现出一大批影响世界的风云人物。他们或者是杰出的政治家，凭着超乎常人的坚强毅力为国家和民族的前途引路；或者是卓越的科学家，为探索自然奥秘、改善人类生活而不懈努力……总之，他们由于在某一方面做出了杰出的贡献，已成为历史长河中的航标，引领着人类走向更加深邃的精神世界和更加精彩的物质世界。

　　这套丛书不仅告诉你名人成功的事实，更重要的是展示他们奋斗的历程，展现他们在失败和挫折中所表现出的杰出品质，从中我们可以吸取一些有益的精神元素。

　　这套丛书具有以下几个特点：

　　一是人物全面。本套丛书精心选取了从古至今全世界40位具有代表性的政治家、科学家、文学家、艺术家……这些人物均在各自的领域做出了卓越的贡献，对人类历史产生了重大影响，因此被广为传颂。

　　二是角度新颖。本套丛书不是简单地堆砌名人的材料，而是选取他们富有代表性或趣味性的故事，以点带面，从而折射出他们波澜壮阔、充满传奇的人生和多姿多彩、各具特点的个性。

　　三是篇幅适当。每篇传记约10万字，保证轻松阅读。本套丛书线索清晰、语言简洁、可读性强，用作学生的课外读物十分理想，不会加重他们的负担。

　　四是一书多用。本丛书是一部精彩的名人故事集锦，能够极大地开阔青少年的视野，同时还可以作为中小学生的写作素材库。

　　培根说："用名人的事例激励孩子，胜过一切教育。"榜样的力量是无穷的，而名人是最好的榜样，向名人看齐，你将离成功更近！

人物导读

中国有句古话，叫做"乱世出英雄"。两千余年前，韩信便是在"秦失其鹿，天下共逐之"的乱世中出现的一位英雄。

乱世英雄有一个共同特点，他们的身上往往都带有浓厚的传奇色彩。韩信也不例外。

据史料记载，韩信年轻时生活贫困，没有钱送礼，所以没有被推选为官吏，而且，还常常需要靠别人接济才能勉强度日。但是，尽管连肚子都填不饱，他还是用心地学习兵法和剑术，积极准备建功立业。

公元前209年，陈胜、吴广在大泽乡拉开了中国农民第一次武装起义的序幕。一时间，群雄并起，天下大乱。

韩信带着一把宝剑，投靠了项梁。但是，他在项梁的军队里并没有得到重用，项梁死后，他转归项羽的帐下，做了他的侍卫。可过了三年多的时间，他依旧没有得到赏识，可谓"功不成，名不就"！

直到公元前206年，刘邦攻入咸阳，秦朝灭亡了，韩信又投靠了刘邦。他一生当中最富传奇色彩，也最光辉的岁月才正式开始。他先后率兵打下了关中，平定了西魏、代、赵、燕、齐等诸侯国，随后又帮刘邦打败了项羽。对此，北宋著名的史学家司马光评价说："汉之所以得天下者，大抵皆韩信之功也！"

此时韩信手握重兵，重情重义，信守承诺，始终没有忘记刘邦对自己的知遇之恩。可不久后，刘邦以他蓄意谋反为名，把他残忍地诛杀了。但无论韩信的人生是以何种方式结束的，都掩盖不了他的军事才能和盖世奇功，在后人眼里，他永远是攻无不克、战无不胜的"兵仙"。

CONTENTS 目录

CONTENTS

坎坷的命运

没落的贵族

公元前221年，秦王嬴（yíng）政消灭了东方六国，建立了中国历史上第一个中央集权的封建王朝，自称始皇帝。他就是历史上的秦始皇。为了加强对全国的统治，秦始皇听取丞相李斯的建议，采取了统一文字和度量衡等一系列措施，促进了原各诸侯国之间的文化交流。但是在实施一系列措施的过程中，他们用了极端的武力策略，激起了老百姓的愤恨。尤其是"焚书坑儒"事件以后，全国各地的老百姓对秦朝的暴力统治更加敢怒不敢言了。许多老百姓为了逃避秦始皇的横征暴敛（liǎn）和肆意屠杀，都纷纷躲进了山里。

老百姓的日子不好过，原来东方六国的贵族的日子就更加不好过了。他们被抄没了家产，贬为了平民。他们大多以读书识字、辅佐王族为己任，他们既不会种土地，也不会做生意，所以他们的日子比普通的老百姓过得更艰难。

在淮阴郡就有一个这样的没落贵族，他就是韩信。韩信的祖上是楚国的贵族，家境殷实。韩信自小就熟读兵法，期望有朝一日当上大将军，领兵打仗，保卫楚国。但是，在他的理想还没有来得及实现的时候，秦始皇就打败了楚国，俘虏了楚王。韩信一家也被贬为平民，只能艰难度日了。

后来，韩信的父母相继去世了，他的生活更加艰难。韩信既不会耕种土地，也不会做生意，而且他还保持着做贵族时的习惯，每天在腰间佩带着一把宝剑，穿戴整齐地去各处游玩。渐渐地，他的家里揭不开锅了。

一天，韩信出外游玩回到家里，他掀开米缸，发现里面连一粒米都没有了，不禁发起愁来。对着米缸，韩信感叹道："我韩信熟读兵法，胸怀大志，想不到连自己都养活不了！这日子该怎么过下去呢？"韩信无奈地盖上米缸，关上大门，躺在床上睡觉了。他以为只要睡着了，就不会感觉到饿了。

躺在床上，韩信越想越觉得委屈。他想到自己身为贵族的后裔（yì），不但不能报效国家，而且连温饱问题都解决不了，这简直就是一个天大的讽刺。如此想就更睡不着了，也感觉到更饿了。饿得实在受不了，韩信就起来到厨房中舀起一大瓢冷水喝了下去。水充实了胃，他暂时感觉不饿了。

可是，他正准备躺下的时候，肚子又咕咕地叫起来。

韩信起床来到院子中，坐在台阶上，看着天上的星星，用手按着胃，静静地忍受着饥饿。"怎么办呢？"韩信一边想着，一边用另外一只手抚摸了一下腰间的宝剑。秋季的夜空没有一丝云，星星都调皮地眨着眼睛，好像在嘲笑韩信这个不能自立的大丈夫。韩信也觉得好笑。看着星星，他自嘲地说："星星啊，星

韩信
HAN XIN

星，你们是不是也饿得睡不着才出来度过漫漫长夜的？"

东方泛起了鱼肚白，天就要亮了。邻居们都渐渐起床了，韩信听到了他们洗锅做饭的声音，肚子更饿了。他抚摸着肚子踱到了邻居的门前。邻居看到韩信，忙客气地说："公子好早啊！您吃饭了吗？没有吃饭就到家里来一起吃一点吧！"

韩信是个自尊心很强的人，他不想让邻居知道自己家里已经揭不开锅了。于是他说："还没呢，一会就回家做饭去。"

邻居见韩信这样说，就又客气了一下说："何必这么麻烦呢！您家里就您一个人了，自己做饭多麻烦啊！公子和我们是邻居，如果不嫌弃，就来家里一起吃一点吧！"

韩信听到邻居这样的邀请，心里高兴起来了。前一天晚上，他就没有吃饭，现在胃里简直可以装下一头牛了。韩信马上对邻居说："那就麻烦你们了。"

谁知邻居本来只想和韩信客气一下，现在见他真的要到自己家里吃饭了，于是不高兴起来，但又无可奈何，只好又客气地说："哪里哪里，公子能到家里吃饭，这是我的荣幸啊！"

于是，韩信跟着邻居到了他的家里，饱餐了一顿。看着韩信狼吞虎咽的样子，邻居的心里就像针扎一样的痛。当时由于秦朝的黑暗统治，大多人都吃不饱饭，邻居家里也不殷实。所以他看到韩信一口气几乎吃了自己全家的早餐，心里就不痛快了。

吃饱了，韩信又佩带着宝剑，到外面闲逛去了。中午的

时候，韩信回到家门口，邻居恰巧在门口洗菜。韩信想凑上去说话，邻居却假装看不见他。韩信见状，就明白了，这是怕自己又到他的家里吃饭啊！韩信的自尊心受到了强烈的伤害，他甩了甩宽大的袖子说："哼，等我富贵了，看你来不来巴结我！"

韩信虽然这样说着，但是马上就要吃午饭了，肚子也开始咕咕叫起来，想到家里连一粒米都没有，可怎么办呢。这时，韩信看见另外一个邻居家里也开始做饭了。他凑了上去，和另一个邻居搭话道："中午了，你做饭啊！"另外一个邻居见是韩信，也客气地说道："是啊，公子还没有做饭吧！如果不嫌弃，就一起到家里吃顿饭吧！"

韩信见邻居这样说，心里高兴起来，他马上说道："那就麻烦你们了。"

邻居见韩信真的要到自己家里吃午饭，心里顿时不高兴了。本来他也只是想和韩信客套一下的，想不到韩信竟然真的要到自己家里吃午饭。后来这个邻居就不敢和韩信客套了，他害怕韩信天天到自己家里吃饭。

就这样，韩信在东家蹭（cèng）一顿饭，在西家蹭一顿饭，日子也勉强过了下去。但是，渐渐地，邻居们都厌恶了韩信蹭饭的坏毛病。他们再见到韩信的时候，都不和他客套了。韩信蹭饭的臭名也在乡里传开了。

韩信的乡里有一个小官员，他当时任南昌亭长。亭长是一个仁厚的长者，他听说韩信在邻居家里蹭饭的事情后，对他的妻子说："韩信因为没有什么善行，不可以推举为官，但是他终究出身贵族，熟读兵法，不是一个平常人。现在他

没有饭吃了，我这个做亭长的实在看不下去了。不如叫他到我们家里来吃饭吧！"

他的妻子见他这样说，就回答道："你只做着个芝麻绿豆大的小官，我们的日子也不宽裕！现在又要多一个韩信来吃饭，这不是雪上加霜吗？"

亭长答道："可是我身为亭长，总不能眼睁睁地看着他饿死吧！你去把他叫到我们家里来吃饭吧！"妻子见亭长坚持要叫韩信到家里吃饭，也没有办法，只好满心不高兴地去叫他了。

亭长的妻子找到韩信，对他说："亭长知道公子不会照理家业，已经揭不开锅了。他让我来叫公子到家里吃饭。"

韩信见亭长的妻子这样说，心里十分感动，他回答道："多谢亭长和夫人的厚爱，我韩信将来富贵了，一定不忘亭长和夫人的大恩。"说完，韩信就跟着亭长妻子到他家里吃饭了。

饭桌上，亭长对韩信说："公子胸怀大志，将来一定能够成就一番大事业的。现在公子落难了，我身为亭长，一定会帮助你的。以后，请公子不要客气，到了吃饭的时间，请直接来我家里吧！"

韩信感激地对亭长说："多谢亭长厚爱！"

就这样，每到吃饭的时间，韩信就直接到亭长家里去了。渐渐地，亭长妻子有些不高兴了。她对亭长说："自从韩信到我们家里来吃饭以后，我们就常常吃不饱饭了。这样下去不是办法啊，我不能总是答应他来。"

第二天，天还没有亮，亭长妻子就起床做饭了。做好了饭，她把亭长叫了起来，说："我们吃饭吧！"亭长睁开眼睛说："还没有到吃饭的时间啊，你今天怎么这么早就做饭了中？"他的妻子回答说："我们先吃饭吧，吃完饭再接着睡觉。韩信来了，我们都吃饱了，也就不用做饭了。"

亭长见妻子这样，也没有办法，只好吃了饭接着睡觉。天亮了，韩信慢腾腾地踱到了亭长的家里。平时这个时候，韩信到了，饭也就做好了。今天，韩信到了亭长的家里，发现他们一家竟然没有起床。韩信心里有些不高兴了。

过了一会，亭长和妻子起床了。他们打开家门，见韩信在自己家门口踱来踱去，心里就明白了怎么回事。亭长妻子故意慢腾腾地洗漱，然后又慢腾腾地打扫起了院子，就是不做饭。韩信看着，心里也就明白了他们的意思。于是，韩信怒道："做善事有始无终，咋能算是仁厚呢！"说完，韩信就气呼呼地离开了。

韩信离开以后又没有地方吃饭了，于是拿着钓具到城下的河边去钓鱼。但是他哪里是钓鱼的料呢，钓了一上午也没有钓到一条鱼。这时他的肚子已经饿得咕咕叫了，他多想吃一顿饱饭啊！这时，韩信看见有很多妇人在河边漂洗衣物。他想："难怪我钓不到鱼，原来是这些人打扰了鱼儿，它们

当然不愿意上钩了。"

于是，韩信换了一个地方继续钓鱼。过了很久，韩信依然一无所获。漂洗衣物的一个妇人早知道韩信在邻居家里蹭饭吃的臭名了。她见韩信独自在河边钓鱼，就想到他肯定又是没有地方吃饭了。妇人动了恻（cè）隐之心。她匆匆放下手中的衣物，回到家里拿了一些饭食送到韩信的面前说："公子如果不嫌弃，请享用我老婆子的饭食吧！"

韩信见妇人给自己送来了食物，连忙道谢。他一边道谢，一边接过食物狼吞虎咽吃起来。第二天，韩信又来到城下钓鱼，那个漂洗衣物的妇人见状，又到家里给韩信拿来了食物。等到第三天的时候，妇人直接就带着食物到河边边漂洗衣物边等待韩信了。

韩信得到妇人的帮助，心里十分感动。就这样，那个妇人天天到河边漂洗衣物，天天带食物给韩信。过了几十天，韩信心里感到过意不去了，就对老妇人说："老婆婆，我将来富贵了，一定重重报答您！"

老妇人看了看韩信，有些生气地说："一个男子汉大丈夫不能自食其力，我看公子可怜才带食物给你的，难道我是希望得到你的报答吗？"

韩信听到老妇人的回答，感到十分愧疚。他连忙对那妇人说："请婆婆息怒，我并没有曲解婆婆的善良。我以后一定努力自食其力。"从此以后，韩信就把这个善良的老妇人深深地记在了心里，他暗下决心：将来富贵了，一定不能忘记她的大恩大德。

一天，韩信想到自己壮志未酬，心情十分低落。他佩带

着宝剑，在大街上闲逛。一个杀猪的少年看到韩信远远地走来，就想侮辱他一下。于是，他走到韩信面前说道："韩信，你身材高大，喜欢佩带宝剑，看上去很英勇，其实你是一个懦夫！"

街上的人看见杀猪的少年拿韩信开玩笑，都围过来看热闹。杀猪的少年见人越来越多，心里越发得意起来。他当着众人的面，羞辱韩信道："韩信，如果你有种就拿剑往我的心窝里刺，没有勇气的话就从我的胯下钻过去。"见杀猪的少年这样说，众人大笑起来。

韩信看看身边大笑的众人，又看看那个杀猪的少年，低头沉思了一下，就趴在了地上。众人见状，笑声更大了，有人甚至鼓起了掌。韩信慢慢地爬向那杀猪的少年。少年岔开双腿，对韩信大喊道："你这个懦夫，快点爬过去。"

韩信默默地强忍着心中的悲痛和屈辱，慢慢地从少年的胯下爬了过去。少年和众人见韩信居然真的爬了过去，都指着韩信捧腹大笑起来。他们一致认为韩信是一个懦夫，竟然能够忍受胯下之辱！

仗剑投靠项梁

公元前210年，秦始皇病死在了南巡的路上。临死前，他拟定密诏，要扶苏到咸阳（今陕西省咸阳市）主持丧礼并继承帝位。赵高是秦始皇的贴身宦官，也是一个十分贪婪的人。他偷偷打开密诏，看了一眼，心里大惊道："公子扶苏是一个非常有政治远见和才能的人。如果他继承了帝位，以后还有我施展才华的机会吗？我要想个办法独揽大权。"

忽然，赵高想到了丞相李斯。李斯素来和公子扶苏政见不和。因为李斯主张对全国实行十分严酷的高压统治，而扶苏则主张要让老百姓得到充分的休养，以便发展经济。赵高想利用他们之间的不和，令李斯和自己站在一条战线上，共同想办法对付扶苏。

赵高对李斯说："皇上临终前拟下密诏要公子扶苏继承帝位。丞相和公子扶苏素来政见不和。如果他继位了，恐怕丞相

◎扶苏：（？——公元前210年），秦始皇的大儿子，是一位具有政治远见的人物，被秦始皇立为太子。他爱民如子，英勇善战，深得百姓和士兵的爱戴。后因触怒秦始皇，被派往北方跟着蒙恬戍边。公元前210年，秦始皇临终时指定由他继承帝位，但是赵高和胡亥合谋害死了他。

以后就没有好日子过了。所以丞相一定要想办法除掉扶苏，另立继承人啊！不如我们改掉密诏，立胡亥为帝，以后我们就可以独揽朝中大权了。"李斯担心自己的地位受到威胁，同意了赵高的说法。

赵高是秦朝著名的书法家，他凭借着自己出色的书法，模仿了秦始皇的笔迹，写了两份假密诏。一份是要胡亥继承帝位的，一份是要扶苏自杀的。

写完了假密诏以后，赵高马上派人到了北方，找到扶苏，要他自杀。扶苏拿过密诏看了看，并没有认出是伪造的，就自刎了。

韩信
HAN XIN

扶苏死了以后，胡亥继承了帝位。胡亥就是秦二世。秦二世每天花天酒地，不问政事，所有的事情都交给赵高处理。赵高极其贪婪，独揽大权以后，对老百姓采取了更加残酷的统治。老百姓对秦朝的统治更加不满了。

公元前209年，官府把一支由九百名穷苦人组成的队伍发往渔阳（今北京市附近）戍边。

七月，队伍在秦兵的监视下，往渔阳进发了。一天，天下起了大雨，所有人的衣服都被淋湿了，加上又冷又饿，大家开始走不动了。监视队伍的是几个秦兵校尉。校尉们不准队伍停下来休息，他们收到的命令是：一定要在八月十五之前赶到渔阳，不然就杀掉所有的人，包括监视队伍的秦兵。

雨越下越大，道路变得泥泞不堪，队伍在艰难地行进着。晚上，他们终于走到了大泽乡。在一片废旧茅屋中，队伍安顿了下来。这些穷苦人中有一个叫陈胜的人，他和同是穷苦人的吴广是一对好朋友。他们因为得罪了官府，被抓了起来，并一起被发配到渔阳戍边。

晚上，陈胜对吴广说："天降大雨，我们无论如何也不能在八月十五之前赶到渔阳了。我们即使逃跑，也会被官府抓起来处死。而不逃跑，带领大家起义的话，如果失败了也是一死。同样是死，不如死得轰轰烈烈，我们带领大家起义吧！"

吴广觉得陈胜说得很有道理，就同意了他的建议。陈胜见吴广同意了自己的说法，就接着说："老百姓已经被秦朝的黑暗统治折磨很久了。我听说秦二世是秦始皇的小儿子，

本来不该当皇帝的。是因为和赵高合谋害死了太子扶苏，才当上了皇帝。老百姓只知道太子扶苏是个善良的人，还不知道他已经死了。项燕是楚国的大将军，他很爱自己的士兵，楚地的人们十分拥戴他。城父之战中，有人说他逃亡了，有人说他死了。我们现在如果以他们的名义来起义，肯定会有很多人响应的。"

吴广说："那还等什么呢？我们现在就起义吧！"

陈胜接着说："起义不能太着急。现在应该先想一个办法，让士兵们尊崇我。只有大家齐心协力才能取得胜利啊！"

第二天，吴广偷偷在一块布上写了"陈胜王"三个字。他把布条藏在了一条鱼的肚子里。鱼被士兵们买了回去。杀鱼的时候，一个士兵发现了布条。他把布条一打开就发现"陈胜王"三个字，马上传给了别人。士兵们互相传阅着布条，可是谁也不知道这三个字代表什么意思。这时，吴广走过来，指着陈胜说："他就是陈胜！"于是，士兵们都以为陈胜是上天派来解救苍生的天神。

晚上，吴广跑到茅屋后面的草丛中躲了起来。半夜的时候，他装作狐狸的叫声，高声喊道："大楚兴，陈胜王！"士兵们听到呼声，都害怕极了。

天亮了，士兵们纷纷议论着夜里的狐鸣。他们指着陈胜说："那就是陈胜！"

陈胜见到时机已经成熟，就和吴广在喝酒的时候故意激怒校尉。校尉拔剑要杀他们，吴广跳起来夺了他的剑，把他杀了。陈胜也冲过来杀了另外两个校尉。然后，他们召集士

兵，宣布道："我们遇到大雨，现在已经误了行期。按照秦朝的刑律，我们都要被处死。即使不被处死，也可能会在戍边的时候死去。况且，堂堂七尺男儿，不死则已，死就要死得轰轰烈烈！我们起义吧！难道王侯将相就是天生的吗？"

士兵们听到陈胜慷慨激昂的演说，都被感动了。他们高呼着："我们愿意跟随你起义，请你领导我们！"一场轰轰烈烈的农民起义开始了。这就是历史上著名的大泽乡起义。

陈胜吴广起义以后，全国各地纷纷响应。老百姓杀了很多贪官污吏。原来的东方四国燕、赵、魏、齐又纷纷自立为王，不再受秦国的统治。

这时，隐居在江东的项梁和他的侄子项羽也带着八千子弟起兵反秦了。项梁和项羽是原来楚国的大将军项燕的后代。他们起兵以后，原来楚国的老百姓纷纷支持他们，他们的实力也一天天壮大起来了。

韩信在淮阴听说项梁和项羽在江东起兵的消息，心里十分激动。所谓"乱世出英雄"！现在天下大乱，群雄并起，正是男子汉大丈夫建功立业的好时候啊！他想："我韩信的机会终于来了。我熟读兵法，善于指挥军队。只要我投靠项梁，很快就会成为一名将军的。说不定推翻秦朝以后，我还会被封为诸侯呢！"

很快，项梁和项羽就带着军队渡过了淮河。韩信见他们一路攻城拔寨而来，认为他们一定会推翻秦朝的统治。于是，他决定投靠项梁。韩信拔出腰间的宝剑，仔细地擦拭了一遍又一遍。直到宝剑被擦拭得光芒四射的时候，韩信才把它插回剑鞘（qiào）。晚上的时候，韩信把家中所有能吃的

东西都翻出来吃掉了，然后就挎着宝剑直奔项梁的军队
而去。

　　韩信来到项梁的营地前，看到很多和自己一样想建功立
业的年轻人来投靠项梁叔侄。他们一起走到项梁的营帐前，
大声说："项将军，我们愿意跟随您一起反秦。"项梁听到
有人来投靠自己，就走出营帐，对他们说："秦二世暴虐无
道，老百姓对他早就不满了。今天你们愿意跟随我一起反对
他的统治，这是非常正确的选择。我马上派人把你们编入
军队。"

　　这时，项梁看见这些人当中有一个身材高大、相貌不凡
的壮士，于是想把他留在帐下做侍从。项羽对那人说："你
叫什么名字？何方人士？"那人回答道："禀告大将军，我
是淮阴人韩信。自小熟读兵法，愿意跟随大将军起兵反秦，
共创大业。"

　　项梁见韩信言语不俗，就对他说："你留下来在我的帐
下做一名卫士吧。其他人等着各营的军官来安排吧！"众人
见韩信被项梁挑中了，都十分羡慕他。可是韩信的心里并不
高兴。他想："我韩信乃经天纬地之材，竟然要我做一名卫
士！这不是对我的侮辱吗？"但是想归想，韩信毫无办法向
项梁证明自己的才能。于是，韩信就在项梁的帐下默默无闻
地做起了一名卫士。

　　项梁和项羽带着军队连连攻城拔寨，打了很多胜仗。一
天，项梁高兴地对部下说："秦国的军队简直不堪一击，秦
国的将领也没有什么大不了的。"士兵们因为连战告捷，也
都有些骄傲了！他们在训练的时候也没有以前那么用功了。

这时，一个叫宋义的人来到项梁的营帐，对他说："大将军，我们现在战胜了，将领们显得骄傲了，士兵们也没有以前勤奋了。这是失败的前兆啊！秦二世不会看着我们楚军逐渐壮大的，我想他一定会加派部队来对付我们的。我们现在的处境很危险啊！"

项梁笑着说："秦兵并没有什么可怕的地方，他们是无法战胜我们的。我们楚军连战告捷就是最好的证据。"宋义见项梁不听从自己的建议，显得有些不高兴。项梁看出了宋义的不高兴，在心里想："宋义这个人敢在我战胜的时候助长敌人的志气，灭自己的威风。这样只会影响士气！不如想个办法，把他打发走吧！"

忽然，项梁想到了齐国。于是，他对宋义说："我想派一个使者出使齐国。你是一个很有才能的人，我认为派你去比较合适。"

宋义听到项梁这样说，知道自己的话得罪了他。他想："现在楚军从将军到士兵都很骄傲，以为自己百战百胜，无所不能，我留在这里也只会受到连累。既然项梁要我出使齐国，我何不趁此脱身呢？"于是他对项梁说："多谢大将军的厚爱。我马上准备。"

宋义在去齐国的路上遇到齐国派来见项梁的使者。宋义问使者说："你是去见项梁的吗？"

使者回答说："正是。"

宋义接着说："我认为项梁这次一定会失败的。秦二世很快就会加派军队围攻定陶（今山东省定陶县）。如果你走得慢一点，就不会受到连累，还能保住一命；如果你走得快

了，就要大祸临头了！"说完，宋义和齐国的使者就各自继续赶路了。

秦二世得知项梁已经攻破定陶，就调动了一切可以调动的军队，交给章邯（hán）指挥。章邯指挥军队将定陶围了起来。项梁见状，心里大惊，这时，他才想起宋义的话。他马上召集部下，商议对策。

可是，章邯已经率领军队开始攻城了。由于项梁准备不足，定陶很快被章邯攻下。项梁也在混战中被秦兵杀害了。

项梁兵败身死以后，韩信就投到了项羽的帐下。项羽见韩信身材魁梧，相貌堂堂，而且言语不俗，就让他在帐下做了一个郎中。项羽是一个推崇武力，而且极其骄傲的人。虽然韩信多次建言献策，但是项羽都没有听从他的建议。项羽认为韩信不过是一个随从，不可能懂得什么军机大事！

虽然项羽不听从韩信的建议，但是秦国的灭亡已经成为一种趋势了。经过三年多的征战，项羽和刘邦等起义军终于推翻了秦国的暴力统治。

刑场遇伯乐

公元前206年，刘邦率先带领军队进入了秦国的国都咸阳。秦朝灭亡了。此时，各路起义军以项羽的实力最为强大，刘邦次之。当年楚怀王和项羽、刘邦等有过约定，谁第一个进入函谷关，就封谁为关中王。不过，项羽担心刘邦为关中王以后，实力会逐渐壮大并威胁到自己的霸主地位。于是，他和自己的谋臣范增开始商量如何对付刘邦的事情。

范增对项羽说："巴、蜀（今四川、重庆等广大地区）两地路险，进出不便，以前秦国把犯了罪的人流放在那里。"项羽恍然大悟道："对啊，巴、蜀也是关中啊！"于是，项羽封刘邦为汉王，称王巴、蜀以及汉中（今陕西省汉中市），以南郑（今陕西省南郑县）为都城。项羽这样做是因为巴、蜀之地四面环山，出入极为不便，认为借此可以限制刘邦的发展。

尽管如此，项羽还是不放心，他又把关中分为三份，把那里分别封给了秦朝的三个降将。项羽封章邯为雍（yōng）王，领有咸阳以西的广大地区，以废丘（今陕西省兴平县东）为都城；封司马欣为塞王，领有咸阳以东到黄河的广大地区，以栎（lì）阳（今陕西省临潼县北）为都城；封董翳（yì）为翟（zhái）王，领有上郡（大致位于今陕西延安一带），以高奴（说法不一，大致是今陕西延安市）为都城。项羽这样安排是为了让秦朝的三位降将牢牢把守关中，守住刘邦的唯一出路。

刘邦见项羽把自己封到了汉中，称王巴、蜀，极为愤怒。他是诸侯中第一个进入关中的人，按照当年楚怀王和诸侯们的约定，他应该被加封为关中王。但是项羽却把他分到了汉中。刘邦越想越生气，于是，他下令军队立刻集合，准备向项羽发动进攻。

刘邦身边的人都劝他不要意气用事，萧何对他说："大王，现在您分到了汉中，虽然不是很如意，但总比没有分到

一寸土地要强得多。如果您执意要攻打项羽，说不定还会送命呢！"

刘邦大怒道："我怎么会送命呢？我为什么会送命呢？"

萧何和刘邦不但是君臣关系，还是老乡。他见刘邦发怒了，就耐心地向他解释道："现在正是项羽得意的时候，他兵多将广，实力十分强大。而大王现在兵力不如他，将领也不如他的将领英勇善战。现在轻举妄动，简直就是自寻死路。"

刘邦听萧何这样一说，怒气渐渐消了一些。萧何接着说："大王虽然被分到了汉中，但是您还有巴、蜀等广大的地区可以作为后方啊！巴、蜀之地虽然交通不便，但是土地肥沃、物产丰富，只要大王用心经营，基础很快就会稳固，兵力也会很快充实起来的。到时候，大王再挥师北上，夺取关中，就可以逐步实现一统天下的霸业了。"

听到这里，刘邦怒气全消，采纳了萧何的建议。不久，刘邦就带着军队从咸阳往南郑去了。在经过秦岭的时候，张良建议刘邦说："大王，项羽认为您有称霸天下的野心，所以才把您分封到了巴、蜀这块交通不便的地方。为了打消项羽对大王的疑忌，我建议大王烧毁秦岭上连接巴、蜀和关中的唯一栈道。这样不但可以打消项羽对大王的疑忌，还可以阻止其他诸侯对大王的骚扰。大王就可以在巴、蜀专心发展生产，积蓄力量，等到时机成熟再挥师北上，夺取关中，称霸天下了。"

刘邦认为张良说得很有道理，就采纳了他的建议，烧毁

了栈道。张良原是韩国的丞相。韩王派他来帮助刘邦带兵反秦，现在刘邦已经被封为汉王，他的任务也就完成了。所以张良在刘邦烧毁栈道之前就和他告别，回到韩国去了。

这个时候，韩信依然是项羽帐下的一名郎中。他听说刘邦是一个肯听从部下建议的诸侯，就想去投靠他。晚上的时候，韩信趁守卫不注意，悄悄地从军营里溜了出来，直奔南郑而去。韩信日夜兼程，很快就赶到了秦岭。可是这个时候，刘邦已经把栈道烧毁了，韩信根本没有办法过去。他看着眼前被烧毁的栈道，仰天长叹道："想我韩信，熟读兵法，想投靠明主，上天竟然不给我机会。"韩信的话被山中的一个樵夫听到了，樵夫认为韩信不是一个平常人，就对他说："当兵的，你是想去投靠汉王吗？"

韩信听到有人说话，四处看了看，发现了樵夫，就回答道："无奈我有心无力啊，眼前这栈道已经被烧毁，我如何去投靠汉王？"

樵夫说："这有什么难的呢？我在山中打柴，知道有一条从陈仓（今陕西省宝鸡市东）到南郑的古道，我带你去吧。你从那里过去就可以投靠汉王了。"

韩信将信将疑地说："你为什么要帮助我去投靠汉王啊？"

樵夫回答道："汉王仁义宽厚，他在关中的时候曾经和老百姓约法三章，对我们都很好。所以我也希望有更多的贤能之士投靠汉王。如果汉王能够统一天下，我们也就不用再受战火之苦了。"韩信见老百姓如此支持刘邦，心里更加认为自己应该去投靠他了。于是，韩信跟着樵夫从陈仓的古道

韩 信
HAN XIN

到了南郑。

到了南郑以后，韩信直奔刘邦的军营而去。到了刘邦的军营，一名治粟都尉接见了他。治粟都尉是汉军中掌管粮食的一个军官，他对韩信说："你原来在项羽的军中担任什么职务啊？"

韩信羞愧地说："项羽不知用人，我在他的帐下当一名郎中。"

治粟都尉听了韩信的回答，哈哈大笑说："原来是个侍从啊！我本来以为是个经天纬地之材呢！你不用去见汉王和丞相萧何了，就留在我的营中做一个连敖吧。你做得好，将来定会升职的。汉王不是一个小气的人，如果你确实有才能，他说不定封给你一个大将军当呢！"

韩信本来以为自己到了汉军中，不做个将军，至少也要做个都尉呢，想不到这个治粟都尉居然安排自己做一个小小的连敖。但是，韩信也没有办法，只好先做个连敖，等待时机了。

韩信做了连敖以后，整天闷闷不乐，对部下的事情也不愿过问，所以他的部下也都渐渐地开始放肆起来了。一天晚上，韩信的几名部下在粮仓边上喝起了酒。他们一边谈论着自己的连敖，一边大碗地喝酒。一个士兵说："我们这个韩连敖整天闷闷不乐，一副怀才不遇的样子，看上去真是好笑啊！"其他人听到他这样说，都跟着笑了起来。

一个士兵摇摇晃晃地站起来说："我要去方便一下，你们继续喝啊！"其他几个士兵说："你带上火石吧，天太黑了，别掉到厕所里了。"

那个士兵于是拿起桌上的火石，摇摇晃晃地走开了。谁想到他喝醉了，以为粮仓是厕所，冲过去猛打手中的火石。忽然，火石点燃了粮仓里的一个布袋，整个粮仓马上笼罩在了一片大火当中。士兵们见粮仓着火了，酒已被吓醒了大半。他们急忙喊人来扑火。

韩信在帐中听到失火了，心里大惊道："这下完了。汉王一定会杀了我的。"因为当时的巴、蜀还没有充分开发，所以人口稀少，土地贫瘠，出产的粮食也很少。韩信和他的部下看守的军粮就显得尤为重要。为了提高治粟部队的积极性，刘邦曾下令，在看守军粮的部队里施行"连坐法"。只要一个士兵犯了错，整个连敖的人都要被处死。

韩信的士兵烧了军粮，他这个连敖责无旁贷，看来是一定会被处死的。想到这里，韩信仰天长叹道："我该怎么办啊？"粮仓失火的消息很快传到了治粟都尉那里，他为了推卸责任，立刻把韩信和其他十三个士兵都抓了起来。

第二天，治粟都尉就带着士兵，押着韩信等十四个人来到南郑城外的一片荒野中，准备把他们处死。当时正是初秋，天空晴朗得没有一片云彩，阳光直射在士兵们的身上，反射出一片凄凉的光芒。

韩信和其他十三个士兵被五花大绑，一字排开跪在地上。刽子手一手把刀抵在地上，一手拿起陶罐，把里面的水缓缓地浇在刀上。他冲洗着屠刀，等待治粟都尉行刑的命令。治粟都尉走到韩信等人的面前，大声说道："汉中缺粮，你们这些人却玩忽职守，烧掉了粮仓。我奉汉王的命令，一定要把你们斩首示众，给其他看守粮仓的士兵一个警告！"

韩信跪在地上，低着头，一句话也不说。另外十三个士兵听到要斩首示众，慌忙求饶道："大人饶命啊，我们以后再也不敢了。请大人向汉王求情，就饶了我们这一次吧！"

治粟都尉见他们求饶，就狠狠地说："现在谁也救不了你们了。你们烧了军粮，士兵们都想把你们活吞了呢！"说完，治粟都尉仰头看了看太阳，对刽子手说："时间已经到了，开始行刑！"

刽子手得到命令，立刻挥起手中的屠刀。只听"咔嚓"一声，鲜红的血液从一个死囚的脖子处喷涌而出，他的头颅滚到了几尺远的地方。剩下的十二个士兵见状，都吓得尿了裤子，他们声嘶力竭地喊道："大人饶命啊！大人饶命啊！"

刽子手并没有因为他们求饶而有所迟疑，他手起刀落，一刀砍掉一颗脑袋。转眼之间，十三个士兵都被处死了，只剩下韩信一个人静悄悄地跪在地上。刽子手对着韩信大吼道："你是木头人吗？怎么临死前一句话也没有？"

韩信抬起了头，看了刽子手一眼，依然是一句话也没有说。刽子手奇怪地看着韩信，他似乎不敢相信世界上真有死到临头还如此平静的人！正在刽子手手中的屠刀要砍下去的时候，一个军官骑着马远远地沿着官道奔驰而来。韩信听到了马蹄声，抬头一看，来的人竟然是夏侯婴。一丝希望突然从韩信的心里一闪而过。夏侯婴不但是汉王刘邦的心腹爱将，也是刘邦的老乡，所以刘邦特别器重他。自己如果能够得到夏侯婴的保荐，不但可以免除死罪，说不定还有机会得到刘邦的赏识。

韩信见夏侯婴疾驰而来，忙对着他大喊道："滕（téng）公，汉王不是要称霸天下吗？为什么要斩杀壮士啊？"夏侯婴听到喊声，急忙停住。他循着声音看去，只见一个刽子手正要斩杀一个年轻人。"称霸天下"这几个字让夏侯婴心里一震，他来不及多想，便对着刽子手喊道："且慢，刀下留人！"

> ◎夏侯婴（前?—前172）：沛县（今江苏省徐州市沛县）人。曾任滕县县令，所以又称为滕公。随同沛公刘邦起兵反秦，屡建战功，任太仆。刘邦称帝，建立汉朝后，夏侯婴封为汝阴侯。刘邦死后，夏侯婴在惠帝、高后、文帝等朝继续任太仆之职，堪称"四朝元老"。

治粟都尉听到夏侯婴大喊，急忙制止了刽子手。夏侯婴骑着马来到韩信的面前，问道："你是什么人？犯了什么罪？你怎么知道汉王要称霸天下？"

韩信急忙抬起头，回答道："我是淮阴人韩信，原本追随项羽，听说汉王重用天下贤士，所以从咸阳一路逃到南郑来投靠汉王。我在汉王的营里担任连敖，因为属下士兵犯罪，要被连坐处死。我因为从小就熟读兵法，所以看出了汉王有称霸天下的雄心。"

夏侯婴见韩信身材魁梧，相貌堂堂，言语不俗，心下暗暗惊奇起来。他想："想不到一个连敖竟然有这等气魄和见识。"想着，夏侯婴又问道："你是怎么看出来汉王要称霸天下的？"

韩 信
HAN XIN

韩信回答道："汉王起兵以来，对百姓仁爱有加，进入关中以后，又和百姓约法三章，这都是笼络民心的好措施啊！汉王被项羽嫉妒，封为汉王，他不但没有和项羽反目，而且在从咸阳到南郑的路上烧毁了秦岭上的栈道。这是一个多么完美的计谋啊！烧毁栈道不但杜绝了其他诸侯进入巴、蜀来干扰汉王发展生产的计划，而且还可以向项羽表示自己没有称霸天下的雄心，让项羽放松了对自己的警惕。其实，汉王是要在巴、蜀发展生产，积蓄力量，等到时机成熟的时候，就挥师北上，夺取关中，最后称霸天下。"

夏侯婴见韩信一个小连敖竟然能够把刘邦和张良的计策一眼识穿，十分震惊。他对韩信说："想不到我这次出城竟然遇到了一个真正的壮士啊！"说完，他又转过身对治粟都尉说："现在正是汉王用人之际，这个韩信言语不俗，见识不凡，暂时先不要杀他了。我把他带走去见汉王。"

治粟都尉见夏侯婴这样说，哪里敢说"不"字，他急忙答道："一切谨听滕公吩咐！"

夏侯婴带着韩信，回到南郑城里，便直奔刘邦的住所。夏侯婴对韩信说："你先在这里等我，我去见汉王。我一定向汉王极力保荐你，希望汉王能够重用你。"韩信见夏侯婴这样说，连忙道谢。

夏侯婴来到刘邦的住所，对刘邦说："大王，我今天在南郑郊外的刑场上遇到一个壮士。他身材魁梧，相貌堂堂，言语不凡，而且自小就熟读兵法。最重要的是他竟然能够识穿大王和张良烧毁栈道的计策。我见他如此聪明，便要治粟都尉饶了他一命。大王当下正是用人之际，何不召见他，量

才而用呢？"

刘邦此时正在思念张良。他想："天下最聪明的人是张良，现在张良离我而去，我就像失去了一只右手啊！"他听到夏侯婴要向自己保荐一名壮士，也只是语气淡淡地说："滕公要保荐的壮士是谁啊？"因为刘邦和夏侯婴不但是君臣关系，而且还是老乡，所以刘邦对他非常尊重，一直以"滕公"相称。

夏侯婴回答道："我要保荐的这个人有经天纬地之材。他谈论大王要称霸天下的雄心，没有丝毫不正确的地方。他就是淮阴人韩信！"

刘邦听到夏侯婴要保荐的人是韩信，哈哈大笑起来。刘邦说："这个韩信我知道，他原来是项羽帐下的一个郎中。不久前才来投靠我，我为了试探他的才华，故意安排他到治粟的部队担任了一个连敖。不想这个韩信居然纵容部下在粮仓旁边喝酒，烧了我几仓粮食啊！今天就是我要治粟都尉杀了他的。不过，我并没有见过这个人。他真有你说得这么厉害吗？"

夏侯婴见刘邦对韩信的才华有所怀疑，就诚恳地说道："大王，我认为韩信确实是一个有才能的人！单凭他一个小小的连敖能够识破大王和张良的计策，就不一般啊！"

刘邦见夏侯婴坚持要推荐韩信，很不耐烦地说："韩信连十几个士兵都不能管好，怎么能带兵打仗呢！既然你向我保荐他，我就给他一个治粟都尉做吧！原来的治粟都尉调到其他营里吧。我要看看韩信到底有什么本事，如果他真有本事，以后我会重用他的。"

夏侯婴本来还想说些什么，可是见刘邦这样，也就不再说了。他出来对韩信说："汉王要你做治粟都尉，先看看你有多大的能力，如果你真有本事，他以后会重用你的。"

韩信心里虽然对治粟都尉这一官职并不满意，但是他刚刚死里逃生，也不敢有太大的奢求。韩信谢过了夏侯婴，就径直回营去了。

第二天，刘邦就派人到治粟的部队中宣布了对韩信的任命。士兵们都非常诧异，这个韩信有什么本事呢？汉王不但没有处死他，还给他官升一级！

刘邦一直把筹集军粮，制定法令等工作交由萧何负责。韩信升任治粟都尉后也就直接隶属萧何管理了。正因为这种机缘，韩信才有机会得到刘邦的重用。

官封大将军

韩信升任治粟都尉后，就有机会和萧何接触了。一天，萧何到治粟部队去视察军情，韩信作陪。萧何问韩信道："我多次听滕公说到你。他说淮阴人韩信是经天纬地之材，如果汉王要称霸天下，就一定会重用你。不知你有什么才能，让滕公如此看重你呢？"

韩信忙答道："禀告丞相，滕公对韩信错爱了。我不过从小熟读兵法，并能临阵变化罢了！可惜天不遂人愿啊，我跟随项梁叔侄起兵反秦，一直得不到重用。来到南郑后，也没有得到汉王的赏识！"

萧何见韩信言语不俗，话里包含着无尽的意思，就和他讨论起兵法来了。韩信自小就熟读兵法，说到兵法自然是头头是道，侃侃而谈。一番交谈过后，萧何心里暗惊道："这个韩信果然像滕公说得那样，是一个经天纬地之材啊！如果汉王要北上夺取关中，称霸天下，就一定要重用韩信啊！"

想着，萧何对韩信说道："你果然是一个经天纬地之材啊！待我联合几个汉王的心腹爱将，一起向汉王保荐你。"韩信听到萧何要保荐自己，急忙道谢。

萧何和韩信分手以后，就叫上几位将军直奔刘邦的住所而去。此时刘邦正一筹莫展地坐在一张巴、蜀地图的前面，呆呆地一动不动。萧何见状，就猜到刘邦又在想称霸天下的事情了。他轻敲门框，说道："大王，萧何等求见！"

刘邦听到萧何求见，急忙起身，满脸堆笑地说："丞相请进！快，快，这边坐！"萧何在刘邦的旁边，轻声说："大王又在研究巴、蜀山川，是不是又想到了挥师北上，夺取关中，继而称霸天下啊？"

看到萧何能够猜到自己的心思，刘邦并不感到奇怪。他语气淡淡地说："巴、蜀之地贫瘠，四面环山，出入不便，我们来到南郑的时候，又把唯一的栈道烧毁了。我现在就是想挥师北进，夺取关中，也是有心无力啊！况且我

们军队中的士兵多是东方人，他们跟着我来到这片不毛之地，心里早已不满了。我听说最近就有不少士兵和军官因为思念故土，从部队里逃走了。"刘邦以为军中的士兵和军官逃走是因为思念故土，其实并不是这样。那些逃走的士兵和军官跟随刘邦反秦，本想建功立业，得个一官半职。他们现在见刘邦被项羽分封到了巴、蜀之地，恐怕以后再也没有出头的机会。刘邦不能称霸天下，自己也得不到建功立业的机会。与其在南郑终老一生，不如到外面的世界去打拼。

萧何见刘邦伤感起来，就安慰道："大王，眼下的困难只是暂时的。只要我们肯想办法，就一定会有机会的。我等这次来见大王，也是为了这件事情。"

刘邦见萧何要和自己说北上夺取关中的事情，精神为之一振。他急忙问道："丞相有什么好方法吗？"

萧何说："大王，要想挥师北上，夺取关中，关键在将领。所谓'千军易得，一将难求'，只要有一个天才将领，我们挥师北上的事情也就好办了。我现在就向大王保荐一位人才，他就是我的部下治粟都尉韩信。韩信熟读兵法，胸中有无尽的计谋。刚才我和韩信讨论兵法，就被他的智慧折服了。恳请大王破格录用韩信，让他升任将军！"

刘邦本以为萧何要说北上的方法，所以十分高兴。待到他见萧何推荐的人竟然是韩信，心中不快起来。他对萧何说："前不久，滕公向我保荐韩信，现在你又向我保荐他。这个韩信到底有什么才能，你们居然这样极力推荐他呢？我听说这个人在乡里不过是一个不能自食其力的没落贵族而已！后来，他跟随项羽起兵反秦，项羽也不过要他担任郎中

而已。他到了我的营中，我要他担任连教，他连十几个士兵都没有办法管好，如何带领千军万马呢！要韩信先做好治粟都尉吧，如果他确实有才能，以后我会重用他的。"

萧何和众人见刘邦对韩信有成见，就悻（xìng）悻地退了出来。

不久，汉营中逃亡的士兵和军官越来越多了。韩信看着越来越多的士兵和军官逃亡，心里极不痛快。他想："丞相肯定已经和汉王说了我的事情。这么些天了，也不见刘邦封我做将军，看来他也不是一个能够重用人才的人啊！与其在汉营中做个小小的治粟都尉，不如投靠其他诸侯，帮助他们称霸天下，也好为自己谋得封侯的机会。"

想到这里，韩信就暗暗打点了行囊，准备东去投靠其他诸侯了。韩信打点完行囊，选了一匹快马，直奔城门而去，不一会儿，就来到城门下。守城门的士兵已经得到了刘邦和萧何的命令，不再轻易放士兵和军官出城门，因为他们担心会有更多的人逃走。守城的士兵看到韩信要出城门，就问道："韩都尉哪里去？"

韩信听到士兵们的问话，就猜想一定是刘邦和萧何下了命令，不准士兵和军官随意出城。于是，他回答道："我奉丞相的命令，出城办事。"士兵们知道韩信是萧何的部下，萧何派他出去办事也是理所当然的事情，当下他们没有多想，就把韩信放出了城门。

韩信一出城门，就纵马狂奔起来。韩信不但担心刘邦会派人来追自己，也想早点到达东方，去投靠其他诸侯。

萧何向刘邦推荐了韩信，但是刘邦不肯重用。萧何的心

里感到十分愧疚，就到韩信的军营中想和他商量这件事情。到了韩信的军营，萧何问士兵们说："你们都尉在哪里？"士兵们回答说："韩都尉骑马走了。"萧何一听韩信骑马走了，心下大惊道："这个韩信不会见汉王不肯重用他，逃走了吧！"想着，他急忙挑选了一匹快马，直奔城门而去。

将到城门的时候，萧何远远地向守城门的士兵们喊道："你们见到韩信了吗？"

士兵们回答道："两个小时以前，韩都尉说丞相派他出城办事。我们放他出城去了。"

萧何一听韩信出城去了，还说是自己派他去的，他的心里立刻明白了：韩信这是逃走了。于是，萧何对着守城门的士兵大喊道："开城门，我要出去。"士兵们见丞相要出城，哪敢阻拦，赶快开了城门，放萧何出去了。

萧何出了城门就沿着官道狂奔而去。他一边狂奔，一边想："韩信会到哪里去呢？"突然他悟到："这个韩信肯定是去投靠东方的其他诸侯去了。我要赶快去追，不然他到了其他诸侯那里，汉王称霸天下的愿望就要泡汤了。"萧何一边自言自语，一边往韩信的必经之路上赶去。

这时，守城门的士兵突然感到有些不对劲：为什么丞相派韩信出城办事，他自己还要出去呢？难道他们要逃走？想到这里，守城门的士兵不敢怠慢，急忙向刘邦的宫殿奔去。到了刘邦的宫殿，他跪倒在地上，磕头如捣蒜，说："大王，小人该死，没有识破韩信的计谋，他出城了。恐怕是要逃跑啊！"

刘邦听到韩信要逃跑，并没有在意。他淡淡地说："一

个韩信，逃跑就逃跑吧！"

这时，守城门的士兵又接着说："韩信出城以后，丞相也骑着马狂奔着出城了。"

刘邦一听萧何也骑着马狂奔着出城了，心里大惊起来。他赶忙问："丞相出城多长时间了？赶快派人去把丞相追回来！"士兵见刘邦心焦，赶忙骑着马去追萧何了。

士兵走后，刘邦一个人呆呆地坐在桌子旁，怅然若失！他喃喃道："张良在秦岭告别我去辅佐韩王了，我失去了一只右手。现在丞相萧何又逃走了，我又失去了左手。我两只手都没有了，还怎么称霸天下啊！"刘邦越想越生气，忽然端起手边的一个杯子，用力地往墙上砸去。"哗啦"一声，杯子被摔得粉碎。卫士们听到响动，赶忙奔过来，他们见刘邦一个人在房间里发怒，都不敢靠近，就在房门前守候着。

这时萧何正在追赶韩信的路上。他从小路赶到了韩信的必经之路上，见路口只有自己的马蹄印，如释重负地叹了一口气道："还好，韩信还没有过去。"说着，萧何翻身下马，在一棵树下坐了下来。他从腰间抽出洞箫，吹了起来。

渐渐地，天下起了雨。秋天的雨冰冷而连绵，一旦下起来，恐怕一时半会都不会停。但是萧何仿佛没有感觉到雨水，他只是自顾自地吹着洞箫。他在想什么呢？雨不停地下着，萧何不停地吹着洞箫。

不知过了多久，韩信终于来到了路口，他全身都被淋湿了。又冷又饿，但是他毅然坚持着往前奔，他多想快点离开巴、蜀，到东方去投靠其他诸侯啊！忽然，韩信听到了悠然的箫声。他心下一惊，自语道："在这荒郊野外的，会是谁

在吹箫呢？"韩信仔细地听着，那箫声里充满了幽怨和期待。这个人失去了什么呢？他的箫声为什么这么幽怨？他又在期待什么呢？

韩信一边想着，一边继续往前赶路。忽然，韩信愣住了。他看到了在树下坐着的萧何。萧何浑身都被雨水淋湿了，脸色苍白地坐在树下，自顾自地吹着洞箫。

韩信忽然明白了，萧何的箫声中之所以充满幽怨是因为他失去了自己啊！他的箫声中之所以又充满期待是因为他想自己回到汉营啊！想到这里，韩信翻身下马，扑倒在萧何的面前，说："丞相啊，您这是何必呢？丞相对我的知遇之恩，我韩信永世不忘！"

萧何淡淡地说："你终于来了！我在这里等了你一天一夜了。"

韩信感激涕零地说道："丞相，就凭您对我的这份情义，我一定不会再离开汉营。我要辅佐汉王，称霸天下。"

萧何听到韩信这样说，心里高兴起来。他面带微笑地说："汉王要称霸天下怎么能少得了你呢！我们赶快回去吧！如果汉王知道你逃走了，心里一定十分焦急。"

于是，韩信跟着萧何又回到了南郑。他们刚到萧何的家里，刘邦就派人来找萧何了。萧何见状，就猜测到刘邦一定是以为自己逃走了，才这么着急着要见自己。他马上直奔刘邦的宫殿而去。萧何刚踏入宫殿，刘邦就急匆匆地迎上来，又高兴又生气地质问："丞相啊！你为什么要逃走呢？"

萧何见刘邦果然是以为自己逃走了，赶忙回答道："大王，我怎么敢逃走呢？我不过是去追逃走的人了！"

刘邦诧异地问道："你贵为丞相，哪个人值得你亲自去追啊？"

萧何说："韩信！"

刘邦生气地说："现在军营中一天有几十个人逃走，你不去追别人，偏偏去追这个不堪大用的韩信！这分明是在欺骗我啊！"

萧何急忙道："大王，其他人容易得到啊！他们走或不走，都和大王称霸天下的愿望无关。但是，这个韩信不一样啊！韩信是个举世无双的人才啊！几百年、上千年才能出现这么一个人才，我怎能让他逃走呢！如果大王想一辈子做这个汉中王，统治巴、蜀，那么大王就可以不重用韩信。如果大王要北上夺取关中，称霸天下，除了韩信别人都没有这个能力帮助大王啊！请大王按照自己的意思作决定吧！"

刘邦听到萧何又说北上夺取关中，称霸天下的事情，心里又惆（chóu）怅（chàng）起来了。他对萧何说："我早就想北上夺取关中，再从关中东进，称霸天下了。巴、蜀之地十分贫瘠，而且四面环山，出入极为不便，我怎么能够一辈子待在这个地方呢！"

萧何见刘邦心有所动，急忙说道："大王既然要北上夺取关中，继而称霸天下，就一定要重用韩信。如果大王能够重用韩信，他就会留在汉营中；如果大王不重用韩信，那么他迟早还是要逃走的！"

刘邦迟疑了一下，他在心里暗暗盘算着："这个韩信不知道有什么本事，为什么滕公和丞相屡次向我推荐他呢？不如我现在就重用他，免得丞相认为我不会用人。"想到这

里，刘邦顿了顿，对萧何说："那好吧，我看在你的面子上，就封他做个将军吧！"

萧何见刘邦只是封韩信做一个将军，又急忙说道："大王，韩信是经天纬地之材。如果您只封他做一个将军，他还是不会留下来的。"

刘邦心里暗惊，他说道："难道要我封他做大将军吗？"

萧何点头微笑道："这样最好啊！"

刘邦见萧何坚持要自己封韩信为大将军，虽然不情愿，但是又担心丞相再次逃走，就说道："那我现在就派人去把韩信找来，封他做大将军。"

萧何看了看刘邦，诚恳地对他说："大王行事一向不拘小节，有时难免显得傲慢了些。您现在说封韩信为大将军就像喊个小孩一样，要他来就来，要他去就去。这正是韩信要逃走的原因啊！大王要封韩信为大将军，一定要选择良辰吉日，斋戒沐浴，设个坛场，准备一切封大将军应该具备的礼仪啊！只有这样韩信才肯留下来。"

刘邦在心里想："看来这个韩信真有一些才能，不然我的丞相不会如此重视他啊！"他对萧何说："既然丞相这么说，那我就依丞相说的去做吧！"

第二天，刘邦就派人在空旷的地方搭起了坛场。很多将领见刘邦派人搭坛场，要封大将军，都十分高兴。他们每个人都以为刘邦会封自己为大将军。不久，坛场建成了。刘邦下令举行封大将军的仪式。于是，众人来到了坛场边上。刘邦坐在中间高高的土坛上，对大家说道："今天我要封一个

人为大将军，统领我的千军万马。"

众位将领一听封大将军的仪式就要开始了，都非常高兴，他们纷纷高呼："汉王万岁！汉王万岁！"

刘邦见将士们士气高昂，心里十分高兴，他接着说道："今天我要封淮阴人韩信为大将军，由他统领军队，所有将士都要服从他的命令。如有违令者，杀无赦！"

众位将领听到刘邦要封一个默默无闻的韩信为大将军，心里都十分失望。但是刘邦亲自封的大将军，他们就是有什么想法，也不敢说出来啊！士兵们听到被封为大将军的竟然是韩信，却是一片哗然！

第二章

初立奇功

- ◆ 奇计袭陈仓
- ◆ 领兵定关中
- ◆ 刘邦兵败彭城
- ◆ 木罂甀渡黄河

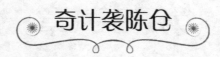

奇计袭陈仓

　　封韩信为大将军的仪式结束了。韩信走下高坛，对着刘邦连施军礼。刘邦忙走上前去，握住韩信的手说："滕公和丞相多次向我保荐将军，说将军是一位经天纬地之材，才能举世无双。不知道将军有什么计策教给我呢？"

　　韩信见刘邦向自己请教，忙谦虚地说："大王现在要北上夺取关中，继而称霸天下，最大的对手不就是项羽吗？"

　　刘邦说："正是啊！"

　　韩信接着说道："大王认为自己和项羽之间，就勇、悍、仁、强四点来说，你们谁更胜一筹呢？"

　　刘邦一听脸色大变，显得很不高兴，半天没有说话。最后他才说道："就这四点来说，我都比不上项羽！"

　　韩信见刘邦并没有故弄玄虚，而是如实回答了自己的问题，就接着说道："其实，我也认为大王在这四点上不能和项羽相提并论。但是我曾经在项羽的帐下做过郎中，我十分了解他的为人。现在就让我来分析一下项羽的为人吧！项羽非常勇猛，就算是有千军万马阻拦他，只要他大吼一声，这千军万马都要被吓得倒退。但是他不能任用贤良之人。他就是再勇猛也不过是匹夫之勇罢了。项羽待人十分仁慈，对人说话恭敬有礼。要是他的士兵生病了，他还会流下同情的眼泪，把自己的饮食分给生病的人。但是等到要论功行赏，给有功的人分封官爵时，他就舍不得了。有时候他甚至会把官印的棱角都磨损了，也舍不得从自己手里交出来。所以说，

项羽的这种仁慈也只是妇人之仁罢了。"

众人听到韩信的分析，都认为他说得很有道理。他们也开始从心里佩服起韩信的才能来了。刘邦更是微笑着，不住地点着头。他在心里想："幸亏我听了萧何的建议，封他做大将军。如果韩信追随了其他诸侯，哪里还有我称霸天下的机会啊！"

韩信接着说道："项羽虽然称霸了天下，分封了十八路诸侯。但是他并没有驻守在关中，号令天下，而是一把大火把整个咸阳都烧毁了，以彭城（今江苏省徐州市）为都城。当年楚怀王跟大王和项羽等首领有过约定，谁先进入关中就封谁为关中王，而且不能屠杀老百姓。但是项羽不但把先进入关中的大王分封到了巴、蜀这个交通不便、物资匮乏的地方，还屠杀了咸阳全城的军民。这就违背了当初大家的约定。他分封十八路诸侯的时候，把自己的心腹爱将和大臣都封到了好地方去，把原来的诸侯都赶到了偏僻的地方做些名不副实的君主。他这样做已经招致很多诸侯的不满了。而且，项羽打了胜仗以后，就把楚怀王迁徙到了遥远的郴（chēn）县（今湖南省郴州市）。郴县远在湘江的源头，那里简直就是不毛之地。很多诸侯见项羽迁徙了楚怀王，也纷纷赶走了自己土地上的君主，自己统治那些地方。项羽打仗十分凶狠，他所攻打的地方，没有一个不被他屠城的。所以天下的老百姓都对他不满，只不过不敢明目张胆地反对这个凶狠成性的人罢了。其实，他们归顺项羽都不是真心的。从这几点来说，项羽虽然是名义上的霸主，但是他却失去了民心。所以说，项羽的这种强大是很容易变成弱小的！"

众人都被韩信的高论震惊了，他们一动不动地站着等待韩信继续说下去。韩信见状，就接着说："如果大王能够反项羽之道而行之，那天下就是大王的了。"

　　刘邦听到韩信说"反其道而行之"就可以得到天下，急忙问道："请将军明言，我应该怎么做呢？"

　　韩信说："大王只要重用天下有勇有谋的壮士，要他们带领军队挥师北上，东进，哪个诸侯可以抵挡呢！攻下城市以后，大王就把这些地方封给有功的人，哪个人会不服呢！而且项羽军队里的士兵都是楚国人，他们的家乡都在遥远的东方。他们每一个人都想回到自己的故土和家人团聚。大王以正义之师来攻打这些想要回到故土的士兵，他们怎么会不一哄而散呢！"

　　刘邦听到这里，点头道："将军说得很有道理，我真是后悔没有早点重用你啊！请你不要怪罪我啊！"

　　韩信听到刘邦这样说，急忙说道："我怎么会怪罪大王呢！我在项羽的军队不过是一个郎中，大王肯让我担任大将军这么重要的职位，已经是对我的厚爱了。"

　　刘邦又接着问道："将军，我要挥师北上，平定关中，该怎么办呢？"

　　韩信见刘邦问自己如何平定关中，就说道："项羽分封的三个驻守在关中的诸侯原来都是秦国的大将，他们带领秦国的士兵已经很多年了。三秦子弟跟随他们战死和逃亡的不计其数。后来章邯又欺骗士兵，带着他们投降了项羽。项羽在新安把投降的二十万士兵全部坑杀了，只有章邯、司马欣和董翳免于一死。正是因为他们免于一死，所以三秦的父老

对他们恨之入骨。现在项羽因为自己的实力强大，就强立这三个人为王，其实老百姓并不是真心拥护他们的。大王当初从武关进入关中的时候，秋毫未犯，废除了秦朝的严刑酷法，并和关中的老百姓约法三章，使老百姓免于战火的煎熬。三秦的老百姓没有一个不想大王在关中称王的。当年楚怀王和诸侯们约定，谁先进入关中就封谁为关中王。大王第一个进入关中，本来应该被封为关中王的。关中的老百姓都知道这些事情，但是项羽凭借自己的武力，把大王分封到了巴、蜀这个偏僻的地方。三秦的父老没有一个不因此埋怨项羽的。如果大王挥师北上，关中的老百姓都会非常欢迎的。所以我们基本上不用和章邯等人短兵相接，只要发一篇檄（xí）文就可以平定关中了。"

刘邦听了韩信的妙论，心里极为高兴，他握着韩信的手说："我真后悔到现在才任用你为大将军啊！如果我早点任用你，现在三秦已经平定了。请你辅佐我征战天下。"

晚上，刘邦把丞相萧何、大将军韩信等人叫到内室商量挥师北上的计划。刘邦对大家说："挥师北上最难的一件事情就是道路的问题。关中和南郑之间只有一条路连通。但是我在进入南郑的时候，听从张良的建议，已经把秦岭上的栈道烧毁了。现在我们自己都没有办法过去了。如果我们派人去修栈道，章邯肯定会知道，并提前准备。这对我们很不利啊！"

韩信说道："大王，当初张良建议您烧毁栈道是一条很明智的计策。如果大王没有烧毁栈道，说不定项羽早已带兵打到了南郑。我们的兵力尚不能和他相比啊！"

有几个将领见刘邦和韩信这样说，就插话道："大王，我们看现在唯一的方法就是抢修栈道，带兵北上。"但是他们也都知道秦岭栈道之险，要想修好栈道绝对不是一件容易的事情。

　　刘邦看了看众位将领，说道："看来我们现在也只有这一个办法了，但是要想修好栈道也不是一件容易的事情啊！这需要时间啊！"

　　诸位将领听刘邦这样说，都知道他已经迫不及待地想平定关中了，但是他们又都想不出办法来，只好默默地一句话也不说了。韩信见大家都不说话了，就站起来走到地图面前，对大家说："我倒有一个办法，八月就平定关中。"

　　众人见韩信站起来说有办法在八月平定关中，不由都看着他。韩信看着刘邦说："大王，秦岭栈道是关中和南郑之间唯一相通的路，这个大家都知道。但是我却知道还有一条路可以从南郑到达关中的陈仓。"

　　说着，韩信就在地图上用手指在南郑和陈仓之间画了一下。众人以为韩信是在开玩笑，因为如果南郑和陈仓之间还有一条路，大家怎么会不知道呢！

　　韩信见大家吃惊的样子，接着说："当初我从项羽的军营来投靠大王的时候，路过秦岭，看到栈道已经被烧毁，我也以为自己的理想就要破灭了。但是当时我遇到了一个樵夫，他家世代在秦岭一带打柴，对当地的地形十分熟悉。

　　他告诉我还有一条古时候留下的道路可以从陈仓到达南郑。当时，我也是将信将疑，但是我又没有其他办法，只好跟着他去看了看。结果真有这么一条道路，那就是陈仓古道啊。"

刘邦听了韩信的陈述，十分高兴地说："真是天助我也！大将军真是我的福将啊！"

韩信接着对大家说："根据可靠情报，现在田荣已经统一了三齐地区，正和彭越一起反抗项羽呢！项羽正在集合部队准备和他们大战。这正是我们出击关中的大好时机啊！"

刘邦见韩信说得十分有道理，就问道："那我们具体该怎么办呢？"

韩信又说道："所谓'兵不厌诈'，我建议大王派兵去修秦岭栈道，但是并不是要真的修好。我们只要章邯等人知道我们在修栈道就好了。因为他们看到我们在修栈道，必然在秦岭附近做好迎战的准备。而我们则集中主力部队从陈仓古道悄悄前进，直逼陈仓。到时候一举攻下陈仓，我们在关中也就有了立足之地，还怕不能平定三秦吗？"

刘邦等人听了韩信的计策，都很兴奋。刘邦大喜道："大将军的计策果然高明，只要我们攻下了陈仓，整个三秦就在我们的掌控之中了。"

韩信的这个计策就是历史上著名的"明修栈道，暗度陈仓"。这一计策充分显示了韩信善于带兵的能力，因此人们将他称为"兵仙"！

刘邦接着下令道："从明天起，樊（fán）哙（kuài）带领本部士兵开赴秦岭，大张旗鼓地修复栈道。韩信大将军则操练士兵，时刻准备从陈仓古道打下关中。"

众人听了刘邦的命令，齐声说道："谨听大王的命令！"

第二天，樊哙就带着士兵大张旗鼓地往秦岭而去了。韩信则在南郑加紧操练士兵，严明军纪。不久，樊哙带着士兵赶到了秦岭，不等士兵休息，就急忙催促他们开始补修栈道。章邯的哨兵见汉兵在秦岭上补修栈道，急忙赶到废丘报告。

章邯听了哨兵的消息，心里十分着急。当初项羽把他和司马欣、董翳三个人分封为关中

◎樊哙（前242—前189年）：沛县（今江苏省沛县）人，年轻时曾以杀狗卖肉为生，后来跟随刘邦起兵反秦，战功卓著，官封上将军、左丞相，被封为舞阳侯。他是秦末各路反抗秦朝的农民起义军中仅次于项羽的第二员猛将，项羽对他十分佩服。

三王，主要目的就是要他们监视刘邦，遏制刘邦的发展。现在刘邦大修栈道，很明显是要进兵关中了。他急忙带兵亲自赶到秦岭去视察情况。

章邯带着士兵们来到秦岭上，看见对面的汉兵们在樊哙等人的催促下不停地伐木、锯木，架设桥梁。章邯大惊道："我早就听说樊哙是刘邦帐下的一员猛将。现在刘邦派他来修理栈道，很明显是要从这里越过秦岭来攻打关中了。"

不过，章邯转念一想，又得意起来了。他对部下们说："秦岭栈道长达数百里，他们这个修法，至少也要一年的时间。我们在这一年的时间里，可以做好充分的准备。到时候，要刘邦这小子有来无回。"士兵们听到章邯这样说，都欢呼道："让刘邦有来无回！让刘邦有来无回！"

于是，章邯把汉兵修补栈道这件事放到了一边。他带着士兵们回到了废丘，不紧不慢地准备一年后和刘邦大战一场。

就在樊哙等人在秦岭上大修栈道的时候，韩信则加紧训练军队，准备从陈仓古道攻入关中。不久，韩信认为时机已经成熟，就来到刘邦的宫殿，对他说："大王，现在时机已经成熟，我们可以带兵从陈仓古道直达关中了。我带先锋部队只要悄悄行军一天一夜，就可以到达陈仓。我出兵的第二天，请大王亲率主力部队出发，并要樊哙将军迅速从秦岭撤军，也从陈仓古道进军。"

刘邦早就等着这一天了。他见韩信说北上的时机已经成熟，高兴得手舞足蹈。他对韩信说："请大将军放心，我一定亲自率领主力部队在后面跟着你进军陈仓。"

晚上，韩信悄悄集合了几千人马，从古道出发了。刘邦也派了使者快马加鞭往秦岭去通知樊哙。韩信的先锋部队在古道上悄无声息地前进着。

天亮的时候，他们已经走了一半的路程。士兵们奔波了一夜，但是依然精神抖擞。韩信命令士兵们不得拖延时间，加紧赶路。

第二天深夜的时候，韩信带着部队到达了陈仓城下。时值深秋，天空没有一片云彩，月光明净如水，一切都显得那么安详。章邯没有想到，一场大战就要开始了。

韩信远远地看见陈仓城墙上巡逻的士兵踱着步子。他对部下们说："我们已经行军一天两夜了，虽然人马有些疲惫，但是兵贵神速，如果今夜不趁着敌人熟睡的机会拿下陈

仓，我们明天再攻城就有风险了。你们有没有信心在天亮之前占领陈仓？"

部下们见韩信说得很有道理，都同意他的说法。他们纷纷表示，一定奋勇杀敌，在天亮之前占领陈仓。韩信见士兵们斗志昂扬，十分欣慰。他立刻命令几十名士兵抬着云梯悄悄地摸到了城墙下。这几十名士兵是韩信在平日里训练的时候特意挑选的，他们不但非常机警，而且也十分英勇善战。

他们到了城墙下，又悄悄地把云梯竖了起来。云梯竖好后，他们趁着守卫们打瞌睡的时候，迅速爬上了城墙。忽然，几十名士兵都爬到了城墙上，一起大喊起来。他们纷纷举刀向守卫砍去。守卫们大都在半睡半醒之间，似乎还没有明白到底发生了什么事情。而韩信派出的几十名士兵都是精心挑选的勇士，他们手起刀落，很快就把一个个守卫砍倒在城墙上了。

很快，几十名勇士从里面把城门打开了。就在他们打开城门的刹那，城外也响起了惊天动地的喊杀声，是韩信在指挥士兵们往城里杀去。士兵们个个如下山的猛虎一般，冲进了陈仓城。待驻守陈仓的敌兵从睡梦中惊醒过来，就已经太晚了。韩信已经派兵攻占了四方的城门，牢牢地守住了敌人的退路。

就在敌人们要起身拿武器冲出去的时候，韩信的士兵已经冲进了军营，把他们团团包围了。至此，天还没有亮，整个陈仓就已经在韩信的控制之中了。

第二天一早，刘邦和樊哙等人领兵来到了陈仓城下，他

们抬眼望去，看到陈仓的城墙上到处飘扬着汉兵的军旗。刘邦大喜道："韩信果然神勇，我们还没有赶到，他已经拿下了陈仓！"

领兵定关中

城墙上的士兵见刘邦率领主力部队赶到，急忙向韩信汇报。韩信马上下令打开城门，把刘邦等人迎入了陈仓。

刘邦来到陈仓城里，笑呵呵地对韩信说："大将军用兵如神，我们主力部队还没有赶到，你就已经攻下陈仓，实在佩服啊！"

韩信见刘邦夸赞自己，急忙谦虚地说道："韩信怎敢居功，如果不是大王破格录用，我现在还只是一个小小的连敖罢了！"

刘邦急着要夺取整个关中，和韩信寒暄完毕，就迫不及待地问道："如今我们已经占领了陈仓，章邯很快就会得到消息派兵来和我们大战。司马欣和董翳说不定也会带兵帮助他。我们应该怎么办呢？"

韩信见刘邦一心要夺取关中，称霸天下，心里大喜："只要我帮助刘邦称霸天下，日后我定会封侯封王啊！"于是，他对刘邦说："陈仓是三秦重地，章邯得到消息一定会带领全部的军队来和我们决战，旨在一举夺回陈仓。而且章邯号称秦国的第一勇士，他带兵多年，英勇善战，曾经在定陶打败项梁。所以这将是一场恶战啊！至于司马欣和董翳则

不必多虑，他们只是章邯的附庸而已，只要我们打败了章邯，他们一定会闻风投降的。"

刘邦见韩信分析得十分有道理，就放心地说道："迎战章邯就托付给大将军了。请大将军一定要奋力杀敌，替我夺取关中啊！"

韩信神情严肃地说道："谨听大王的号令！"

陈仓被韩信攻占的消息很快就传到了章邯的耳朵里。章邯得到消息后大惊道："秦岭栈道尚没有修好，韩信难道是飞过来的吗？"

就在这时，在秦岭上监视樊哙的士兵也赶到了废丘，慌忙对章邯说："大王，樊哙和他的士兵们突然不见了，秦岭栈道也没有修好，那里只剩下一片狼藉了！"

听到士兵们的汇报，章邯恍然大悟道："不好，我们中计了。韩信这是'明修栈道，暗度陈仓'啊！他一边要樊哙在秦岭上大修栈道，让我们以为汉兵必从秦岭栈道通过，而他则悄悄从小路攻打陈仓！"

但是章邯毕竟是一个久经沙场的老将了，他并没有因为陈仓被韩信占领而惊慌，他下令道："马上集合部队，以骑兵为先锋部队，直奔陈仓！"士兵们得到章邯的命令，立刻集合往陈仓进发了。

这时，韩信已经在陈仓城下埋伏了几千精兵，只等着章邯来送死了。章邯带领部队还没有到达陈仓的时候，韩信就下令士兵们开始攻击。

一场血战开始了。

汉兵个个英勇善战，冲进章邯的队伍就像饿狼闯入了羊

群一样，左冲右突，很快就把章邯的队伍冲散了。

章邯见士兵们渐渐抵挡不住了，急忙下令退军好畤（zhì）。章邯的士兵早已无法抵挡汉兵，他们见章邯下令撤退，个个争先恐后地往好畤奔去。

韩信见章邯军撤退了，就下令士兵们全力追击。汉兵这时正杀得起劲，他们得到追击的命令，立刻扑了上去。章邯的士兵只顾逃亡，哪里还有心思应战！汉兵们冲上去，一刀砍死一个，很快就尸横遍野，血流成河了。

章邯带兵逃到了好畤，站在城墙上往下看去，只见汉兵们早已追了上来，并且在城下摆开了整齐的队伍，等着再次大战一场。章邯仰天长叹道："这个韩信原来不过是项王帐下的一名郎中，他怎么有这等带兵打仗的本事啊！"渐渐地，城下的汉兵越来越多，章邯的心里也越来越着急了。因为好畤只是一个小地方，粮食不足，如果被汉兵围困在这里，全城的士兵很快就会饿死。

章邯把部下们都叫来，商量办法。一个将领说："大王，好畤粮食不足，如果我们被汉兵围困在这里，很快就会饿死。我看不如开城死战，就算不成功也可以趁机逃到废丘去。废丘是我们的都城，那里兵多将广，粮食充足，就算被围，也可以坚持几年。"

章邯何尝不知道这个道理呢！可是他又想到假如开城死战，又要有多少士兵战死啊！况且退到废丘，整个关中很快就会被刘邦占领！但是这个时候还有更好的办法吗？已经没有了。章邯无奈，只好接受了那个将领的建议，下令开城迎战，想趁机退守废丘。

士兵们冲出城门，只想着往废丘退去，根本无心和汉兵死战。而汉兵刚在陈仓打了胜仗，士气大振，他们纷纷扑向章邯的队伍。章邯军中大乱起来，尸体在城墙下越堆越高，不一会就几乎和城墙一样高了。章邯见大势已去，急忙带兵往废丘退去。士兵们跟着章邯，个个丢盔弃甲地逃到了废丘。

刘邦和韩信等立刻追击，把废丘围了起来。刘邦见章邯已退守废丘，别无出路了，就想一举攻下废丘，彻底打败章邯。

韩信建议说："大王，废丘是章邯的都城，这里兵多将广，粮食充足，而且眼下章邯就剩下这唯一一座城市了。所谓'狗急跳墙'，如果强攻，章邯必定领兵死战，我们的损失必然很多。请大王三思啊！"

刘邦见韩信这样说，就问道："那我该怎么办呢？"

韩信说道："大王，现在我们的兵力已经十分强大了。我建议分兵围困废丘，不要强攻，等到章邯的军心涣散了，他必定要向我们投降。而我们则可以带领主力部队到达咸阳，一边去招降司马欣和董翳，一边派兵平定三秦的其他地方。然后我们再领兵东进，称霸天下。一个小小的章邯困在废丘城里，已经无法对我们构成威胁了。"

刘邦听了韩信的分析，大喜道："大将军果然见解独到！如果我军中多几个像大将军一样的人才，我们恐怕早就称霸天下了。"于是，刘邦听从了韩信的建议。很快，三秦之地被平定，只剩下章邯被围困在一个小小的废丘城里了。刘邦下令在关中设置了陇（lǒng）西、北地、渭南、河上、上郡等郡，派萧何进驻咸阳，安抚百姓，发展生产，为大军

筹集粮食。刘邦自己则和韩信等人带着大军往东而去。

章邯兵败以后，立刻派人去向项羽求救。项羽得知刘邦攻入了关中，大怒道："看我亲自领兵杀了刘邦这个混蛋！"但是这个时候，齐国的丞相田荣已领兵统一了三齐地区（今山东省的大部分地区），自封为齐王，并加封彭越为将军，让他在楚国的梁地（今河南省开封市周围的广大地区）和项羽的士兵大战。陈余也趁机联合田荣，准备攻打常山王张耳。眼看着田荣的实力逐渐强大起来，项羽心中十分烦闷，开始左右为难了，不知道到底该带兵去攻打刘邦，还是先平定田荣和陈余。

就在这时，韩国的丞相张良给项羽上书，说："大王，反秦时，汉王刘邦第一个进入了关中，根据义帝的决定，先进入关中的就封为关中王。后来，您把汉王刘邦分到了汉中，而三分关中，所以他心里不服，因为关中本来应该是汉王刘邦的属地。他现在举兵北上关中只是为了拿回原本属于自己的东西，履行和义帝的约定而已。所以他在攻下关中以后，一定不会挥师东进的。"

项羽认为张良说得很有道理，但是心里还是犹豫不决。这时，张良又派人假装齐国的使者给项羽送去一封挑战书。挑战书上说："齐国和赵国要联合在一起，共同攻打楚国，灭掉你们！"项羽接到挑战书一看，大怒！于是，项羽放弃了西进攻打刘邦的计划，决定亲自带兵攻打齐国，大战田荣。项羽亲自带兵与齐国的田荣大战，就给了刘邦平定关中，壮大实力的机会。刘邦趁此机会，急忙东进，很快平定了关中。

✳ 刘邦兵败彭城 ✳

　　刘邦的实力逐渐壮大了，而随着实力越大就越想念自己的家人。此时，刘邦的妻儿和父亲都还在老家沛县。他多想把他们接到自己的身边啊！就在这个时候，一个好消息传来了。王陵来投靠刘邦了。原来王陵是刘邦的老乡，他们在沛县的时候就认识。秦末，各路诸侯起兵反秦的时候，王陵纠集了一支几千人的部队，攻下了南阳。从此，王陵就领兵驻扎在南阳，不隶属于任何诸侯。待到刘邦平定雍王章邯的部队，把章邯围困在废丘的时候，王陵见自己的老乡实力逐渐壮大，而且有称霸天下的野心，就投靠了刘邦。

◎王陵（前?—前181）：沛县（今江苏省沛县）人，秦末农民战争中，聚众数千人占据南阳（今河南南阳）。后归刘邦，跟随他攻打天下。刘邦建立汉朝后，封他为安国侯，官至右丞相。后来，因为反对吕后封吕姓族人为王，被免职，随后病死。

　　刘邦立刻交给了王陵一个任务，就是到沛县把自己的妻儿和父亲接到关中。因为南阳离他们的老家沛县很近，而且王陵和刘邦是老乡，认识刘邦的父亲刘太公。

　　项羽听说刘邦派王陵到沛县去接家人，大怒，立刻派兵到阳夏（今河南省太康县）拦住了王陵。于是王陵不能继续东进，只好停了下来。即使这样项羽还是不放心，他杀了韩

韩 信
HAN XIN

王成，并立刻封原来的吴中县令郑昌为新的韩王，去韩国驻守，以牵制刘邦。

张良本来是韩王成的丞相。他见项羽杀了韩王成，并封郑昌为新的韩王，心里很愤怒。于是，他日夜兼程，赶到了关中，再次投靠刘邦。刘邦见到张良，立刻热泪盈眶地迎了上去。他握住张良的手，诚恳地说："你终于回来了！"

张良感动地说："大王，我回来了。我一定帮助您称霸天下。"此时，"汉初三杰"在刘邦身边会合了。他们就是丞相萧何，谋臣张良和大将军韩信！刘邦后来之所以可以打败项羽，称霸天下，多是这三个人的功劳。

公元前205年年初，就在项羽大战齐国之时，刘邦在大将军韩信的辅佐下，一路东进，攻城略地，打了很多胜仗。塞王司马欣、翟王董翳以及河南王纷纷望风而降。韩王郑昌原来是吴中的县令，是项羽的亲信，所以他不愿投降刘邦。刘邦见不能让郑昌心甘情愿地来投降，就派韩信带兵攻城。

原来的韩王成被项羽带到彭城杀害了，所以韩国的老百姓并不十分拥护项羽。

韩王郑昌在将不热心、兵不死战的情况下，没有坚守多久，就被韩信打败了。至此，刘邦不但拥有除废丘之外所有的关中之地，而且还在关外占

领了河南（今河南省大部、山西省南部、山东省西部等广大地区）的大部分地区。

三月，刘邦带着韩信等将领，从临晋(今陕西韩城)渡过黄河，攻打河东（今山西运城、临汾一带）、河内（今黄河以北地区）等地。西魏王魏豹早已听说刘邦的大将军韩信用兵如神，攻无不克，战无不胜，因而没有抵抗就带着军队投靠了刘邦。刘邦大喜，于是下令全力进攻河内。驻守河内的是殷王司马卬（ǎng），司马卬虽然死战，但是怎敌兵多将广的刘邦呢！很快，刘邦俘虏了司马卬，平定了河内，带兵驻守黄河北岸的修武（今河南省南阳市附近）。

几个月前，司马卬违抗了项羽的命令。项羽大怒，派陈平率兵进攻他。司马卬见陈平的大军压境而来，心里十分担忧，只好屈服，连连向项羽认罪！

刘邦攻下河内，俘虏了司马卬的消息传到正在和田荣的弟弟田横打仗的项羽那里，项羽大怒。他说："当初我要陈平去收服司马卬，陈平说司马卬对我忠心耿耿。既然对我忠心耿耿，为什么不和刘邦死战呢？"正在气头上的项羽把这一切怪罪到了陈平头上，产生了杀掉陈平的想法。

陈平闻知项羽要怪罪自己，生恐这个莽夫会杀掉自己，就在深夜的时候，从小路直奔黄河，渡过黄河投奔驻守在修武的刘邦去了。

不久，刘邦从平阴津渡过黄河，直奔洛阳而去。到了洛阳，董公遮来到刘邦的营帐，对他说："大王，你知道义帝是怎么死的吗？"

刘邦闻听董公话中有话，就大惊道："项羽不是说义帝在南迁的路上得了急症，不治身亡的吗？"

董公摇了摇头说："那是项羽蒙蔽天下人的伎俩。其实义帝根本就没有得过什么急症，是项羽暗中派人杀了他。项羽为了蒙蔽天下人，就说义帝是得了急症，不治身亡的。"董公顿了顿，接着说："大王为何不以为义帝报仇的名义东进伐楚呢？这样你的军队就成了正义的军队，天下的百姓都会支持你的。"

刘邦认为董公说得很有道理，就听取了他的意见。第二天，刘邦抓扯着自己的上衣哭得痛不欲生，以表现自己对义帝的爱戴，对义帝之死的痛心。他下令全军全部换上素服，为义帝发丧。在洛阳的郊外，汉兵们穿着素服整齐地排列着。刘邦站在队伍前，哭着对大家说："项羽杀了义帝，我要为义帝发丧三日。"洛阳的老百姓见状，也都悲伤地痛哭起来。从此，刘邦大仁大义的形象在百姓中流传开来，人们更愿意支持刘邦伐楚了。

为义帝发丧三日之后，刘邦派使者通告天下的诸侯说："秦亡以后，天下诸侯一起拥立了义帝，尊他为诸侯的皇帝。项羽竟然违背天下人的意愿和仁义道德，把义帝放逐郴县，还暗中派人杀了他。这是多么大逆不道的事情啊！我刘邦现在亲自为义帝发丧，请各位诸侯都穿上素服，一起为义帝守孝。然后，我要调遣关中和三河（今黄河、淮河、洛河）所有的兵力，联合江汉以下的诸侯讨伐杀死义帝的楚国人！有愿意跟随我一起讨伐大逆不道的项羽的，就一起起兵吧。"

随后，刘邦带领着五路诸侯的五十六万兵力，往东而

去，准备攻打彭城。韩信见刘邦贸然进攻彭城，心里十分着急，他向刘邦提议道："大王，现在攻打彭城的时机尚不成熟啊！"

而刘邦此时因为连战告捷，心里十分得意，就对韩信说："我从南郑出兵，一路打下来，攻无不克，战无不胜。现在我已经有了足够的兵力和项羽大战了。怕什么呢！"

韩信还想阻止，但是他见刘邦心意已定，也不好再说什么了。四月，刘邦已经带着五十六万大军进入了彭城。刘邦以为自己已经进入项羽的都城，而项羽正在和齐兵厮杀，天下大势已定，自己已经可以称霸天下了。于是，刘邦就把彭城中的奇珍异宝和无数美女收归自己所有了。然后，他天天和部下在宫殿中饮酒庆祝。

就在刘邦和部下在彭城饮酒庆祝的时候，项羽带着三万精兵，日夜兼程，赶到了彭城西边的西萧（今安徽省萧县），准备攻打刘邦，再次夺取彭城。项羽赶到西萧以后，并没有休息，他对士兵们说："兄弟们，刘邦已经进入我们的都城，他现在正喝着我们的酒，残害我们的父老。我多想早一点把他赶出去啊！我们现在就不休息了，我们把刘邦的五十六万大军赶出彭城以后再休息！兄弟们，有信心吗？"

这三万精兵都是跟随项羽出生入死，南征北战多年的精锐力量。他们见项羽担心彭城的父老，都感动起来。他们纷纷回答道："不赶走刘邦，誓不休息！誓与彭城共存亡！"

项羽带着三万士兵在早晨的时候赶到了彭城。守卫彭城西门的是由项东带领的一小支汉兵。项羽见到汉兵就发疯一

般地冲了过去，他一边纵马，一边挥舞着手中的宝剑，无数的汉兵成了项羽的剑下之鬼。彭城的西门被项羽撕开了，三万精锐部队如下山的猛虎一般冲进了彭城。刘邦没有想到项羽竟然敢带着区区三万人来攻打自己的五十六万大军，因而没有丝毫的准备，只能仓皇应战，所以被打得措手不及。这时，汉兵已在彭城中抢劫了很多奇珍异宝，都无心恋战，见到势如猛虎的楚军纷纷溃逃。而且很多士兵都知道项羽的英勇，谁也不想做项羽的剑下之鬼。项羽和自己的三万精锐部队骑着马，在彭城中横冲直撞，见到汉兵就冲上去大肆砍杀一番，汉兵渐渐抵挡不住了，争相逃出彭城往南而去。

中午的时候，刘邦的五十六万大军已经被项羽的三万精兵悉数赶出了彭城。刘邦虽然带着大军逃出了彭城，但是项羽和他的士兵们却越战越勇，没有丝毫疲惫之色。他们纵马向刘邦的大军追去。刘邦和他的部队逃到了谷（今安徽省宿州市皇藏谷）和泗水河（为淮河的大支流，流经山东、安徽、江苏三省），项羽和他的士兵很快就赶到了。刘邦的大军见项羽和他的士兵就像噩梦一样无法摆脱，都争先恐后地开始逃命。项羽指挥士兵拿着兵器冲杀过去。汉兵一边逃，他们一边杀，被杀死的汉兵足足有十万余人。泗水河里和谷中到处都是汉兵的尸体，他们的血把泗水河染红了，他们的尸体把山谷堆满了。

见到眼前的尸山血海，项羽和楚军们的斗志被彻底地激发出来了。他们不知疲惫地追杀着汉兵。刘邦又引着汉兵从山路往南逃去，楚军哪里肯放他们走，继续追击。这时，跟随刘邦从山路逃走的汉兵还有二三十万人。他们逃到灵璧东

面的睢水边上，被阻断了去路。他们正要想办法继续逃命时，项羽已经带着三万精兵赶到了。刘邦无奈，只好指挥军队和项羽对抗，但是这个时候，汉兵哪里还有半点斗志！

项羽和楚军刚一纵马过来，汉兵便开始纷纷逃命去了。项羽带着他的士兵趁机掩杀，杀死了无数的汉兵。剩下的汉兵见状，更是没命地奔逃。项羽就指挥士兵们把他们往睢水里面赶。于是，汉兵纷纷跳入睢水。十余万汉兵就这样在睢水中丧命了。汉兵的尸体阻塞了睢水，睢水流都流不动了。刘邦身边的士兵越来越少了，眼看就要支撑不住了。项羽带着士兵把刘邦重重包围了。楚军的包围圈足足有三层。刘邦见状，几乎绝望了。

就在这时，忽然一阵大风从西北角上刮来。大风刮得昏天暗地，树木被刮折了，房屋被掀翻了，沙石也被大风刮得满天飞，白昼瞬间变成了黑夜。在伸手不见五指的情况下，两军都不敢轻举妄动。而项羽的三万精兵都骑着马，马在大风中受了惊。于是，楚军大乱，马匹纷纷乱冲开去。刘邦见状，趁机和十余个侍从逃了出去。

刘邦从睢水河畔逃生以后，就从沛县往西逃亡，想顺便把自己的家人都接走。项羽见刘邦往沛县逃去，料知他一定是要去接家人。于是派兵往沛县赶去，想抢在

◎刘邦逃生睢水畔：史书记载刘邦在睢水边上能够逃生是因为有上天在帮助他。这是很迷信的说法。睢水大部位于今天安徽省灵璧县境内，灵璧县每年的春夏之交常常有龙卷风。刘邦和项羽大战睢水时的大风应该就是龙卷风。

刘邦的前头，劫持他的家人。

不过项羽的士兵和刘邦都没有见到太公和刘邦的妻儿。因为沛县是刘邦的老家，那里的人知道刘邦战败的消息后都纷纷逃走了。刘邦的父亲和妻儿也跟随难民开始了逃亡。他们逃得实在太仓皇了，不久就被难民冲散了。刘邦和自己的几个亲信坐在马车里没命似的奔逃。此时，刘邦的大舅子吕泽就屯兵在下邑（今安徽省砀山县）。刘邦只要赶到那里就安全了。在逃命的路上，刘邦意外地碰到了自己的儿子刘盈和女儿（后被称鲁元公主）。于是，刘邦便把他们救到车上一起往下邑逃去。

这时，项羽那似乎永远不知疲惫的精兵远远地跟了上来。眼见他们越来越近，刘邦越来越着急。刘邦看了看车上，人太多了，马跑得太慢了，怎么办呢？刘邦一横心，就把自己的儿子和女儿推了下去。夏侯婴见状，大惊，急忙跳下车，一手抓住一个孩子又跳了上来。夏侯婴刚把孩子放下，刘邦又把他们推了下去。夏侯婴再次把他们拉到了车上。就这样，刘邦逃命的时候，不顾亲生子女的安危，三次把他们推下车，夏侯婴又三次把他们拉了上来。过后夏侯婴对刘邦说："你这是干什么啊！虽然现在情况很危急，但是也不能不顾自己亲生子女的安危啊！我们慢慢走吧！"

终于，刘邦一行在被楚军追上之前赶到了下邑。下了马车，刘邦抱着自己的一双儿女大哭起来。这时，他才想到夏侯婴，是夏侯婴救了自己的孩子！　刘邦逃脱以后，就暗中派人去找父亲太公和妻子吕氏。但是正逢乱世，难民到处流窜，到哪里去找他们呢！这时，审食其（刘邦的

家臣）和太公以及吕氏在一起，他们也到处在找刘邦。不料，他们运气实在不佳，不但没有找到刘邦，反而遇到了楚军。于是，楚军把他们带了回去，交给了项羽。项羽没有杀审食其等，而是把他们安置在了军营中。

木罂缻渡黄河

彭城之战以刘邦的失败告终。司马欣和董翳见刘邦大败，急忙逃到了楚国，投奔项羽去了。刘邦则带着军队在项羽的追赶之下，一路往西而逃。

刘邦兵败彭城的消息传来，韩信痛心地说道："大王啊大王，你为什么就不听我韩信的建议呢！现在损失二十万大军和各路诸侯的支持，汉兵已元气大伤啊！"随后，韩信立刻组织兵力赶到荥（xíng）阳（今河南省荥阳市）去接应刘邦。韩信赶到荥阳后，看到被项羽打败的汉兵，三五成群地到处乱窜，韩信心里十分痛苦。他立刻把这些逃散的士兵组织了起来。韩信对他们说："如今汉王兵败彭城，可谓元气大伤。但是只要我们守住荥阳，不要项羽跨越此地，我们就有机会恢复元气，再和项羽大战。"

士兵们见韩信说得慷慨激昂，再次热血沸腾起来。他们纷纷投靠在韩信的军中，驻守在了荥阳。不久，刘邦也带着一些残军败将来到了荥阳。刘邦一见到韩信，不觉悲从中来，他上前握住韩信的手说："大将军，我后悔啊！我没有听从大将军的建议，致使今天在彭城惨败，损兵折将，元气

韩信
HAN XIN

大伤。请大将军以后一定要时时提醒我，不让我再犯错误了。您就是我的老师啊！"

韩信见刘邦这样说，急忙谦虚地说："大王言重了。我们现在最重要的事情就是要重振士气，把项羽的追兵挡在荥阳以东，我们才有机会恢复元气啊！"

刘邦见韩信说得很有道理，就立刻派韩信去整顿军队，准备在荥阳挡住项羽的追兵。韩信很快把士兵们的斗志调动了起来，他们一个个都想报彭城兵败之仇。不久，项羽的追兵赶到了京、索一带。韩信指挥军队在那里打败了追兵，把项羽挡在荥阳以东。于是，两军在荥阳对峙。

六月的一天，西魏王魏豹来见刘邦。他对刘邦说："大王，最近我的家乡传来消息说我的父亲生病了。我想回去探望他老人家。请大王恩准！"

刘邦见魏豹要回家探望父亲，就想到了自己的父亲太公。彭城之战失败后，刘邦的父亲被项羽俘虏，关在了军营中。魏豹的一片孝心深深地感动了刘邦。刘邦立

刻答应了他的要求。

魏豹辞别刘邦以后，就往黄河的渡口河津赶去。他带着士兵刚刚渡过黄河，就下令拆毁浮桥，攻击随行的汉兵，并派人去向项羽求和。项羽此时经历几场战争以后，实力也大为削弱，他见魏豹来求和，就毫不犹豫地答应了。

刘邦得知魏豹背叛了自己，十分愤怒。但是他想到，项羽的军队就在荥阳的对面，如果自己带兵去攻打魏豹，项羽势必会通过荥阳，直奔关中而去，所以刘邦也无可奈何，只好在心里偷偷骂魏豹是个忘恩负义的小人。

七月，围困废丘的汉兵采用水攻的办法，打败了章邯。章邯见兵败，便引颈自杀了，士兵们纷纷投降了汉兵。刘邦见后方已稳，又开始和众位将领商议如何对付项羽。

张良对刘邦说："大王，项羽英勇善战，我们和他正面交锋必定会失败。但是项羽为人骄傲自大，不肯任用有才能的人，所以整个楚军当中只有他自己可以领兵打仗。我们不如和项羽保持对峙状态，一边派韩信趁机去平定魏、赵、代等诸侯，一边联合齐国和彭越，要他们在项羽的背后起兵反楚。这样项羽就会带兵在东西之间奔波，无暇攻打大王了。"

刘邦听了张良的建议，心中豁然开朗起来。于是，刘邦一边要韩信积极备战，一边派郦（lì）食其（jī）（秦末汉初的一个辩士）劝说魏豹再次投靠自己。

郦食其得到命令后，立刻渡过了黄河，赶到了魏国的都城平阳（今山西省临汾市附近），求见魏豹。魏豹早已知道郦食其的来意，但是他已经决定要和刘邦断绝关系了。于是

魏豹对郦食其避而不见，只是派人去对他说："不久前，我投靠了刘邦，但是刘邦嚣张跋（bá）扈（hù），十分傲慢，不但言语粗俗，而且喜欢辱骂诸侯和属下的大将。他骂诸侯就像是骂奴隶一样，我无论如何也不能忍受这份窝囊气。现在我已经投靠了项王，请不要再来打扰我了。如果刘邦胆敢带兵来进犯我，我一定亲自带兵和他在战场上相见。"

郦食其听了魏豹转达的话，心里明白无法改变魏豹的主意了。他立刻原路返回，向刘邦做了汇报。刘邦一听郦食其的汇报，立刻火冒三丈，他大喊着说道："魏豹这个狗贼居然敢辱骂我！快去把韩信大将军请来，我要让韩信去收拾这个不知好歹的魏豹！"

韩信来到刘邦的营帐，见到他的怒气还没有消，心里暗想："魏豹完蛋了！"

刘邦见到韩信，立刻说道："我任命韩信大将军为左丞相，带兵出击魏豹！"韩信见刘邦果然要自己出兵攻打魏豹，立刻领命。

八月的一天，韩信带着士兵们从荥阳往临晋（今山西省临猗县临晋镇）赶去。不久韩信的士兵就在临晋渡口驻扎下来了。魏豹见刘邦派韩信领兵前来攻打自己，立刻命令属下将领柏直率领重兵驻扎在了蒲坂（今山西省永济市），守住临晋渡口，不让韩信过河。

韩信带着军队在临晋渡口盘桓了数日，一直没有办法渡过黄河。一些将领开始着急了，他们来到韩信的营帐，问道："大将军，我们已在临晋呆了好几天了，为什么不渡过

黄河去和魏豹的军队大战一场呢？"

韩信看了看他们，没有说一句话，只是做了个手势，要他们跟着自己。韩信领着众位将领来到渡口跟前，指着对面对他们说："你们看，魏豹早已派柏直做好准备和我们大战了。他的军营连绵数里，军旗飘扬，定是有重兵把守。如果我们强渡黄河，魏兵等到我们渡过一半的时候放箭射击我军，该怎么办呢？"

一名将领不服气地说道："大将军，我们军人的职责就是征战沙场，哪怕马革裹尸也再所不惜。我愿意领兵强渡黄河，为大将军开道，去和魏兵大战。"

韩信笑了笑说："将军勇气可嘉，只不过带兵打仗不但需要勇猛，还需要智慧啊！将军少安毋躁，我们不久就会在黄河对岸饮酒作诗的。"

众人见韩信十分自信的样子，都很不解。他们不知道韩信这样按兵不动，怎么能渡过黄河打败魏兵并在他们的国土上饮酒作诗呢！

晚上，韩信叫来属下的一名能征善战的将领，对他说："我拨给你一部分士兵，你带着他们日夜兼程赶到夏阳（今陕西省韩城市），在夏阳砍伐树木，准备木罂（yīng）瓴（fǒu）（类似盆罐的桶状物）。你一定要悄悄地进行这项工作，不要让魏兵发现。"这名将领见韩信神秘兮兮的样子，虽然大惑不解，但还是按照他的命令去做了。

天亮了，韩信派士兵们到处去寻找船只，陈列在临晋渡口。

不久，士兵们搜集的船只越来越多，临晋渡口已经摆得

韩 信
HAN XIN

满满当当的了。很多将领见韩信派士兵搜集来这么多船只，都以为韩信要从临晋渡过黄河了。他们也都加紧训练士兵，准备和魏兵大战一场。

柏直在对岸看见韩信派士兵搜集这么多船只陈列在渡口，也以为韩信必定会从临晋渡过黄河。他暗自高兴，心想："我等你们渡到黄河中央的时候，突然放箭射击，看你们往哪里躲！"于是，柏直又令士兵们加紧赶造弓箭，准备迎战韩信。

韩信的将领们见柏直在赶造弓箭，急忙来向韩信汇报。他们对韩信说："大将军，魏兵将领柏直正在赶造弓箭，看来他真的要在我们渡到黄河中央的时候放箭射击啊！我们该怎么办呢？"

韩信看着将领们焦急的样子，就微笑着对他们说："诸位不要过于担心，我自有办法对付他的弓箭。现在有多少船只了？你们带我去看看吧！"

众位将领看到韩信胸有成竹的样子，都十分纳闷：韩信这是怎么了？魏兵要在我们渡到黄河中央的时候放箭射击我们，他怎么一点也不着急呢？但是他们见韩信说自有办法对付，也就稍稍放心了。于是他们带着韩信来到了渡口。

到了渡口以后，韩信看着陈列得满满当当的船只，说道："这些船只恐怕还不够啊！魏兵在黄河对岸摆开了几十里的阵势，我们必须一次把所有的士兵全部渡过去，展开全面攻击，才有可能战胜他们啊！"

说着，韩信又命令一名将领带着几百个士兵到山中砍树，拉到河边造船。

柏直见韩信搜集了很多船只以后，又派人砍树造船，就料到他一定是要一次把所有的兵力全部渡过黄河。柏直大喜道："你敢一次把所有的士兵都渡过来，我就趁着你们到达中央的时候放箭射击，打得你们全军覆没！"于是，柏直派更多的士兵赶造弓箭去了。

北方的深秋已经十分寒冷了。这天晚上，月亮偷偷地躲到了乌云的背后，星星也都暗淡无光。韩信见时机已经成熟了，就悄悄地召集了所有的将领。韩信对他们说："现在时机已经成熟，是我们出兵的时候了。我要留下一名将领领兵在临晋渡口边上巡逻，监视柏直的动静。其他人全部带着本部人马，跟着我到夏阳去。"

众人一听韩信要放弃临晋的船只，带着士兵去夏阳，纷纷问道："大将军，我们去夏阳干什么啊？连日来，我们已经在临晋辛苦搜集并赶造了很多船只，为什么不趁现在月黑风高渡过黄河去，而要去夏阳呢？"

韩信见众人不解，就说道："我要大家在临晋搜集并赶造船只，不过是要迷惑柏直。我真正的目的是趁柏直不注意的时候，偷偷从夏阳渡过黄河，直奔安邑（今山西省夏县）。夺下安邑以后，我们就可以在黄河对岸站住脚了，到时候还怕魏豹跑了不成？"

众人一听韩信的解释，又都佩服起他来。但是他们马上又问道："我们怎么从夏阳渡过黄河呢？"

韩信笑道："我早已派人到夏阳准备木桶去了，木桶不被人注意，可以使我们秘密渡河，实行奇袭。"

众人见韩信早已胸有成竹，更加佩服他的智慧。他们纷

韩 信
HAN XIN

纷回到自己的军营带着士兵跟着韩信趁着黑夜往夏阳赶去了。而韩信留下的那名将领带着一些士兵继续驻守在临晋，以便迷惑柏直。

第二天上午，韩信的军队就赶到了夏阳。韩信让士兵们乘坐早已准备好的木桶顺利地渡过了黄河。渡过黄河以后，韩信立即组织兵力开赴安邑。很快，韩信在安邑南门下摆开了阵势。韩信让士兵对着安邑城里的守军大喊道："驻守在蒲坂的大军已经被我们打败了，你们赶快打开城门出来投降吧！"

驻守安邑的将领听到蒲坂的大军已被韩信攻破，心下大惊。他仰天长叹道："韩信带着士兵能够顺利到达安邑，看来蒲坂的大军真的被他打败了。我一个小小的安邑，兵少将寡，如何抵挡韩信的大军呢？"

于是，他带着自己的亲信，骑马从北门逃走了。士兵们见自己的将领逃走了，顿时失去了斗志，他们纷纷放下武器，向韩信投降了。韩信不费一兵一卒就占领了安邑。

占领安邑以后，韩信带兵迅速赶到了魏兵的外围蒲坂。这时，驻

守蒲坂的魏兵首领柏直站在黄河岸边，看着对岸忙忙碌碌的汉兵，心想："你们就加紧赶造船只吧，我的弓箭已经准备好了，就等你们渡河呢！"

突然，背后杀声四起，韩信带着军队向魏兵围拢过来。柏直大惊，急忙指挥军队迎战。但是韩信的奇兵从天而降已经冲进了魏营。魏兵们纷纷逃散，哪里还敢和汉兵对抗。黄河对岸的汉兵见到柏直军中大乱，急忙乘船渡过黄河，配合韩信和柏直的大军混战起来。

柏直受到夹击，进退两难，顿时绝望起来。魏兵渐渐抵挡不住了，很多人已经放下武器投降了。柏直见状，仰天长叹道："韩信从哪里来的？难道他们是从天上降下来的吗？上天要亡我西魏啊！"

韩信见柏直在乱军之中仰天长叹，立刻指挥士兵围上去，将他砍杀了。柏直已死，魏兵们纷纷放下武器，投降了韩信。

将领们见魏兵已经投降，都对韩信高深的计谋更佩服了。韩信则对他们说："身为将领，带兵打仗不但要想办法最大程度地消灭敌军，还要最大限度地保留自己的实力，不能让自己的士兵去送死啊！如果我们在临晋渡河，说不定也能打败柏直，但是我们也会损失惨重啊！"

士兵们听到韩信如此爱护自己，都纷纷高声喊道："大将军圣明！大将军圣明！"

西魏王魏豹听说韩信已经攻破安邑和蒲坂的大军，心里十分着急。他决定亲自带领所有的士兵去安邑迎战韩信。

韩信则把士兵驻扎在安邑休整。有将领向韩信建议道：

"大将军，我们攻破了安邑和蒲坂，士气正高，为何不乘胜出击，一举攻下西魏的都城平阳(今山西省临汾市)呢？"

韩信笑了笑说道："士兵们连日奔波作战，都已经困乏了，如果再走远路使士兵更加劳累，对我们不利啊！况且，魏豹听说我们已经攻破安邑和蒲坂，必定会带兵来迎战。我们何不以逸待劳呢？如果我们主动出击，说不定魏豹还会躲在平阳不出来，到时候我们攻城就比较麻烦了！你不见废丘被围了长达九个月才攻破吗？"

众位将领听了韩信的分析，都心服口服！他们纷纷表示以后要多向韩信学习，不能一味蛮干。不久，魏豹就带着军队赶到了安邑城下。虽然魏豹号称举全国之力，但是由于他的部分士兵在安邑和蒲坂两次战役中战死或投降了，所以实际上他的兵力非常有限。

韩信则不同，他在安邑和蒲坂两次战役中不但没有损兵折将，而且还接收了魏兵投降的部队，实力大增。而且韩信用兵计谋层出不穷，不拘常法，常常出奇制胜，士兵们也都愿意为他死战。所以韩信军和魏豹军刚一接触，魏兵就开始后退。韩信乘机指挥军队一阵冲杀。汉兵们几乎没有费什么力气，就打败了魏兵，活捉了魏豹。

至此，韩信木罂渡黄河的奇计取得了全面胜利，西魏灭亡了。刘邦得到消息后，十分高兴，他连连说道："韩信果然是一名福将！"随后，刘邦在原来西魏的领土上设立了河东、上党、太原等郡。韩信的威名也渐渐在诸侯中传开了。

第三章

背水一战

一举灭代国

韩信攻破西魏以后，张耳坐不住了。张耳原是赵国的丞相，巨鹿之战之后跟随项羽起兵反秦，秦朝灭亡以后，项羽封他为常山王，统治原来的赵地。但是项羽在分封张耳的同时，无意间也给他埋下了一个隐患。这个隐患就是陈余。

陈余本是赵王歇的大将军，但在巨鹿之战以后，由于和当时的丞相张耳产生矛盾，放弃了将印，带

> ◎张耳（前？—前202）：大梁（今河南省开封市附近）人，原为赵国丞相，在巨鹿之战后跟随项羽反秦。秦亡后，被封为常山王，后被陈余打败，投靠了刘邦。跟随韩信攻打代、赵两个诸侯国，立下战功，被刘邦封为赵王。

着几千士兵到了渤海郡的南皮（今河北省南皮县）以打猎捕鱼为生。秦朝灭亡后，项羽封他为南皮三县之侯，却封张耳为常山王，改封赵王歇为代王。这件事情激怒了陈余。陈余认为自己和张耳一样都是反秦有功的大将。项羽封陈耳为王却封自己为侯，分明是没有把自己放在眼里。而且赵歇本是赵王，张耳只是他属下的丞相。项羽竟然要张耳代替赵歇统治赵地，这分明是大逆不道的事情。

但是分封诸侯以后，项羽的力量达到了极致，陈余没有办法和他抗衡，只好忍气吞声，默默地寻找机会以伺报仇了。后来田荣率兵接连攻击项羽分封的诸侯，统一了三齐地区，陈余大喜道："机会来了，真是天助我也！"陈余派张

同和夏说到齐国去拜见田荣，送去一封自己的亲笔信。陈余在信上说："项羽分封天下诸侯，自封为西楚霸王。本来也没有什么不可以的，因为他带兵反秦，功劳最大。但是他分封天下并不公平。他把原来的诸侯都迁徙到了偏僻的贫穷之地，却把自己的将领和群臣分到了这些诸侯的故地。拿赵王歇来说吧，他做赵王做得好好的，项羽竟然把他改封为代王，迁居代地（今山西省北部）。封张耳为常山王，统治赵国原来的土地。我认为这是很不仁义的事情。"

田荣看到这里，默默点头认可了陈余的说法，因为他想到了项羽也把原来的齐王田市迁徙到了胶东做胶东王。田荣又看了下去，只见陈余的信上接着说："我在南皮听到大王起兵反楚，对项羽这种不仁不义的做法很反感，于是派张同和夏说来向大王求助。大王如此仁义，一定不会拒绝我的请求。请大王发兵帮助我攻打常山王张耳，我要恢复赵王的领地。到时候，我会带兵和大王一起反对项羽。这样赵和齐一起反对项羽，项羽的兵力不足以攻打两地，他对您也就无可奈何了。"

田荣本来就希望有更多的人起来反楚，见到陈余来向自己借兵，心下大喜，他马上就答应了陈余的请求。于是，田荣悄悄地发兵攻常山王张耳。陈余也把南皮所有的士兵都集结起来，配合田荣一起向张耳的都城襄国（今河北省邢台市）发动了攻击。

秦朝灭亡以后，项羽封张耳为常山王。张耳以为从此以后天下太平了，自己和自己的子孙肯定世世代代做常山王。所以他几乎忘记了是如何在战场上驰骋杀敌的。张耳的士兵们也都松懈了，不愿去想打仗的事情。当田荣和陈余突然向张耳发动进攻的时候，张耳才惊醒过来，原来天下并不太平。可是这个时候已经晚了，士兵们由于平时疏于训练，都失去了往日跟随秦兵作战的英勇。

田荣和陈余的部队长驱直入，很快就把张耳的都城襄国攻破了。张耳见大势已去，不可能再夺回襄国了，就绝望地往西逃到了关中，投奔刘邦去了。攻下襄国之后，陈余拜谢了田荣，马上亲自带人到代地去迎接赵王歇。陈余见到赵王歇，跪在地上说："项羽和张耳欺负大王，这段时间让大王受苦了。我已经联合齐王田荣攻破了襄国，赶走了张耳，请大王回到赵地，继续做赵王吧。赵国的老百姓想念大王啊！"

赵王歇被眼前陈余的真诚和忠心感动了，他扶起陈余，对陈余说："将军才是对我最忠心的人啊！"说着，几乎要哭了出来。因为自从迁入代地后，他就日夜思念着赵国，想回到自己的故乡。

赵王歇跟着陈余回到了赵国的都城襄国，重新做起了赵王。赵王见陈余劳苦功高，已经没有什么官爵足以报答他了，就把陈余封到代地做代王。

陈余虽然被封为代王，但是他并没有到自己的封地去，只派代国的丞相夏说驻守代地代为管理，自己则留在了赵国辅佐赵王歇。这表面上是陈余辅佐赵王歇，实际情况却是陈余把持着赵国的军政大权，赵王歇不过是任他摆布的傀儡而已。

张耳被陈余打败后，心里十分气愤。他找到刘邦，对他

说："大王，韩信大将军领兵轻而易举地就攻破了魏国。有了魏地作为后方，我们何不趁机平定代、赵等地。代王陈余与我有不共戴天之仇，我愿意去辅佐大将军挥军北上平定代地。"

刘邦见张耳愿意去辅佐韩信攻打代、赵等国，心里十分高兴。刘邦对张耳说："你本是常山王，赵国应该是你的领地。现在我就派你带兵去和大将军韩信在西魏会合，共同领兵攻打代、赵两国。攻下以后，我就封你为赵王。"

张耳一听刘邦不但允许自己带兵去攻打代、赵两国，还许诺一旦攻下赵国就封自己为赵王。他大喜道："感谢大王的厚爱，我一定尽全力辅佐韩信大将军。"

不久，张耳就带着刘邦拨给他的士兵往西魏进发了。韩信得知刘邦派张耳带兵来辅佐自己攻打代、赵两国，急忙派人去迎接张耳。韩信和张耳两人一见如故，谈得十分投机。张耳握着韩信的手说："陈余与我有不共戴天之仇，请大将军一定要为我报仇雪耻啊！"

韩信早已听说张耳和陈余之间的恩怨了。他对张耳说："请您放心，我一定挥师北上，东进，消灭赵王歇和陈余，为您讨还公道！"

于是，张耳把刘邦拨给他的士兵也交给了韩信指挥。韩信立刻召集将领们商议攻打代国和赵国的事情。韩信对部将们说道："陈余袭击了张耳以后，就留在了赵国辅佐赵王歇，派夏说驻守代国。所以代国的兵力比较薄弱。我们应该先攻打代国，然后再从井陉口越过太行山，进攻赵国。诸位以为如何啊？"

韩 信
HAN XIN

　　将领们听了韩信的分析，都认为他说得很有道理。张耳说道："先攻破比较弱小的代国，巩固后方，然后再全力攻打赵国，这个方法的确比较好。不过代国地处北方，民风彪悍，士兵们作战比较勇敢。以前我跟随项羽反秦之时，曾经带过代兵作战，他们一旦打起仗来，就会舍生忘死，不顾一切地冲锋陷阵。所以要攻打代国也不是一件容易的事情啊！不过，那里的士兵有一个弱点，就是单兵作战能力很强，但是不善于配合。我们只有利用他们的这个弱点才有取胜的机会啊！"

　　韩信听了张耳的分析，略作沉思，然后说道："看来要攻破代国，我们唯一的选择就是诱敌深入，要他们带兵抢夺我们故意放置的'战利品'，然后我们再出伏兵趁势猛攻，一举消灭他们。"

　　众人听了韩信的部署，都十分佩服。

　　公元前204年是一个闰年，这一年闰九月。韩信和张耳在闰九月领兵大举进攻代国。代国的丞相夏说亲自领兵迎战。一场激烈的战斗就要开始了。

　　韩信派张耳率领几千士兵和夏说对阵。两军刚一接触，张耳就命令士兵们丢下武器、辎重等，往后撤去。代兵见张耳败北，满地都是战利品，就一拥而上，纷纷捡拾地上的物品去了。夏说见状，急忙阻止他们，命令士兵们继续保持队形。但是代兵队形已乱，他们一个个只顾着捡拾地上的物品，哪里还听得进夏说的命令。

　　韩信见代兵大乱，微微一笑道："时机已经成熟了，伏兵开始攻击。"于是，早已埋伏在代兵周围的汉兵如潮水一

般把夏说和他的士兵们围了起来。夏说见状，急忙组织兵力迎战。这时，韩信又命令张耳带着士兵们杀了回去。

汉兵在张耳的带领下左冲右突，很快把代兵包围在了很多的小包围圈里。代兵们在小包围圈里奋力死战，但怎奈汉兵太多了，他们已经无法挽回失败的大局。夏说见大势已去，突然仰天长叹道："今日一战，我夏说就要成亡国之臣了！"突然，夏说丢下手中的武器，放弃了抵抗，他对着韩信大喊道："韩信，我已投降，你不要再杀伤我的士兵了！"

韩信远远地看见夏说投降了，就命令士兵们停止攻击，并接收了夏说的队伍。夏说被俘，韩信指挥军队迅速攻取了代国的都城，其他代国守城的将领见都城已破，丞相夏说投降，也都纷纷放下了手中的武器，投靠了韩信。

于是，韩信占领了整个代国。他一边派人向刘邦报喜，一边积极准备进攻赵国。

背水一战

刘邦得知韩信已经攻破代国，心下大喜。因为这个时候项羽已从齐国战场把楚兵全部撤出，带到了荥阳一线，和刘邦对峙。刘邦没有韩信在身边，渐感吃力，就下令韩信把主力部队调到了荥阳，共同抗击项羽。

韩信的主力部队被调走了，他的部下们都十分着急。他们都纷纷对韩信说："大将军，如今代国虽破，但是还有更

为强大的赵国等着我们去征服呢！如今大王把我们的主力调走了，我们拿什么和赵王歇和陈余大战呢？"

韩信见将领们都很着急，就安慰他们道："主力被大王调到了荥阳也不用发愁。我们身处代地，这里民风彪悍，我们可以重新征兵嘛！"

将领们听到韩信要重新征兵，都纷纷说道："大将军，所谓'养兵千日，用兵一时'，我们仓皇征兵，怎能和训练有素的赵兵作战呢？"

韩信笑着说："就算是一帮乌合之众到了我韩信手里，我也会把他们变成能征善战的士兵，何况我们的新兵都是英勇的代地人呢！"

众人见韩信如此自信，也都不便再说什么了。他们都亲眼看见过韩信用兵如神，所以他们相信韩信，也相信韩信一定有办法打败赵王歇和陈余。

随后，韩信在代地大举征兵。代地人都已听说韩信用兵如神，是一个能够成就大业的人，于是他们纷纷投靠韩信。韩信大喜，很快就组织起来一支四万余人的队伍。这些新兵在韩信的训练下，迅速成为了一支纪律严明的队伍。

公元前204年10月，韩信留下一万余人镇守代地后，和张耳带着三万余人向井陉口进发了。赵王歇和陈余听到消息，立刻派了重兵在井陉口集结，准备迎战韩信。他们对外宣称，井陉口的赵兵足有二十万人。

赵国的广武君李左车是一个足智多谋的人，他对陈余说："大王，韩信带领大军渡过黄河，攻破了西魏，生擒魏豹，然后又一路北上，俘虏了夏说。如今他又有张耳辅佐，

两人想乘机攻下赵国。他们率领着得胜之师，远离自己的国家在赵国的土地上作战，真可谓来势汹汹，锐不可当啊！"

陈余笑道："广武君何必长别人志气，灭自己威风呢！我看韩信和张耳也没有什么可怕的。"

李左车接着说道："现在韩信和张耳率领三万军队从足有数百里的井陉口通过，那里道路狭窄，马车不能并轨，骑兵不能成行，他的队伍一定会拉得很长，而且粮食一定在部队的后面。请大王拨给我三万奇兵，我带着士兵们从小路去切断韩信的辎重。大王则和赵王深沟高垒，坚守城池，不要和韩信作战。到时候，韩信就会落入进退两难的境地。那里荒郊野外的，韩信的部队必定找不到吃的东西。如果这样做，不到十天的时间，汉兵必定投降，韩信和张耳的人头就可以送到我们的军中了。请大王考虑我的计策啊！如果大王不用我的计策，要不了多久，您一定会被韩信和张耳所俘！"

陈余是个儒者，他常常说"正义之师不用奇谋诡计"之类的话。听了李左车的建议，他心里十分生气，说道："兵法上说：'十则围之，倍则战。'如今韩信带领军队前来进犯我们赵国，虽然他号称有好几万人，其实不过只有几千人罢了。因为他的主力部队被刘邦调到了荥阳，自己只剩下了几千人，其他的士兵不过是在代地征召的新兵而已，根本没有什么战斗力。而且韩信带着士兵奔波千里，前来袭击我们，他的士兵都已经疲惫了，哪里还有力气死战呢？如果我们避而不战，刘邦在后面加派重兵前来围攻我们怎么办呢？到时候，诸侯们都会以为我陈余是个胆小怕事的人，他们就

韩信
HAN XIN

会轻视我，并乘机带兵来攻打我的。你的方法不可行啊！"

于是，陈余没有采纳李左车的建议，坚持在井陉口迎战韩信。韩信早已听说赵国的李左车是一个足智多谋的人。他担心李左车建议陈余派奇兵切断自己的军粮，到时候士兵们肯定会被饿死。于是，韩信在进入井陉口之前就派两个人乔装打扮到赵国去打探军情了。

不久，去刺探军情中的一个回来了，他向韩信汇报了李左车给陈余的提议。韩信大惊道："如果陈余采纳李左车的建议，我们就完了。我看暂时只好把部队驻扎在这里，不能贸然前进了。"

韩信的话刚说完，去刺探军情的另外一个人也回来了。他急忙对韩信说："大将军，陈余并没有采纳李左车的建议，他坚持在井陉口迎战我们。"韩信听完汇报，大喜道："天助我也，立刻命令士兵往井陉口进发，明天天一亮就发动进攻。"

于是，韩信带着士兵们深入太行山，在距离井陉口三十里的地方停了下来。半夜的时候，韩信召集将领，吩咐道："天一亮我就带着军队向赵兵发动进攻，到时候我会假装失败，往后撤退。"将领们不解，他们看着韩信，问道："为什么要假装失败？"

韩信指着一名将领，接着说："你带着两千骑兵，每人拿着一杆军旗，赵兵看见我们后退，一定会从城里出来追赶我们。到时候，你就带着两千士兵驰骋进入赵军的营寨，拔掉他们的军旗，把我们的军旗插在他们营寨上。"

说完，韩信对自己的副将说："你去传令下去，今天我

们打败赵兵以后，就在赵军的营寨里聚餐。"

众人听到韩信这样说，都将信将疑地问道："大将军真有把握在今天打败赵兵？"

韩信笑着说："赵兵今天必败！"众人虽然不是很相信韩信的话，但是也假装答应道："好的，我们这就按照您的吩咐去做。"

韩信接着说道："赵兵已经占据了井陉口有利的阻击地形，建造了坚固的工事。如果他们没有见到我的帅旗和战鼓，一定不会走出工事来迎战的。因为他们担心我到了他们的工事面前就会退回去，所以我会亲自带兵诱敌！"

布置妥当以后，韩信又派了一万人的部队在赵营附近的泜水边摆开了阵势。天快亮了，赵兵发现韩信把阵势摆在了泜水边上，都大笑起来。陈余见状，更是得意，他对部下们说道："韩信这个笨蛋竟然把阵势摆在泜水的边上，我们一旦发起进攻，他们将失去退路，身陷绝境啊！到时候众位将士请跟随我一起把河边的汉兵统统杀死，丢在泜水中。"

众人听了陈余的分析，认为很有道理，都哈哈大笑起来。他们认为韩信聪明一世，糊涂一时，天一亮就将身首异处了！

天亮了，韩信命令士兵们竖起大将军的帅旗，擂起战鼓，往井陉口的赵营进军了。陈余见韩信亲自带兵前来挑战，哈哈笑道："韩信啊韩信，你的死期到了！"说完，陈余就命令士兵们打开城门，冲出工事，和韩信的大军厮杀起来。韩信的队伍和陈余的士兵在井陉口狭长的山谷里展开了激烈地搏斗。战斗进行了许久，两军难分胜负。陈余见状，

韩 信
HAN XIN

急忙把城里的士兵全部调了出来，和韩信大战。

韩信看到所有的赵兵都已经开出城门，估摸着时机已经成熟，就下令士兵们丢下帅旗和战鼓，假装逃走。韩信带着士兵们往泜水边上陈列的一万士兵阵中退去。陈余见韩信和张耳带着士兵退到了泜水边上的汉军阵中，心中大喜。他对着士兵们喊道："诸位将士随我全力搏杀，把韩信和张耳杀死在泜水边上。"

赵兵们听到陈余自信的喊声，顿时热血沸腾起来，纷纷扑向水边的汉兵。韩信和张耳已经和泜水边上的汉兵会合，就立即返身和陈余军展开了殊死搏斗。汉兵们见自己的背后就是泜水，根本没有退路，如果后退，肯定会被淹死。他们纷纷想道："与其被淹死，不如和赵兵死战，说不定还能杀出一条血路，死里逃生。"这样想着，汉兵们更是拼命向前，死战不退。陈余见状，就把自己强大的兵力全部压了上去。虽然赵兵越来越多，但是汉兵们自知没有了退路，都不肯放过任何一个前进的机会。所以，赵兵虽然发动了多次冲锋，但是仍然不能打败韩信的部队。

韩信见汉兵们殊死抵抗，心里十分高兴。这时，韩信预先埋伏的两千骑兵，忽然从小路冲了出来，驰骋着进入了赵国的营寨。他们一冲入营寨，就纷纷把赵军的军旗拔了下来，插上了红色的汉军军旗。瞬时，整个赵营的上空就成了红色的海洋，汉军军旗插满了营寨。

陈余见汉军殊死抵抗，自己的部队不能取得胜利，又不能抓到韩信和张耳等人，就下令士兵们且战且退，退到营寨中去。韩信见陈余退却，估计自己的两千骑兵已经占领了赵

84

兵的营寨，就指挥军队展开全面反攻，奋力掩杀赵兵。

陈余带着大军从战线上慢慢地退了下来。他们到了营寨前，突然发现整个营寨的上空都飘扬着汉军的军旗。赵兵们以为汉兵已经杀死了所有驻守营寨的将领和士兵，顿时大乱起来，纷纷放下手中的武器，准备逃走，赵兵的将领们见状，急忙阻止，连连斩杀了许多士兵。但是，此时大势已去，岂能挽回？赵兵们见将领斩杀自己的士兵，便纷纷在阵中反戈，投靠了韩信，和陈余等人大战起来。

就在这个时候，汉兵的两千骑兵突然从赵兵的营寨中冲了出来，他们迅速加入了混战。韩信见骑兵和自己一起形成了对陈余夹击的局势，便指挥军队在赵兵的后面奋力拼杀起来。赵兵受到夹击，很快就失去了斗志，纷纷放下武器，投靠了韩信。

陈余见大势已去，便领着亲信保护赵王歇，骑马往包围圈外面冲去。韩信见陈余要逃，便对张耳说道："陈余要逃，你报仇的机会来了！"张耳见状，便纵马追去。陈余见张耳追来了，便要回身迎战。所谓"仇人见面分外眼红"，两个有着不共戴天之仇的人，一旦接触便打得难分难舍。

这时，赵兵大半已经投降了韩信，只有一小部分还在做着最后的抵抗。韩信忽然想到了向陈余献计的李左车，于是他下令道："无论是谁遇到李左车都不能杀了他。谁要是能生擒李左车，我韩信赏他黄金一千两。"士兵们听了韩信的命令，一边奋力和赵兵作战，一边暗暗留意李左车的下落。

陈余见赵兵大半都已经投降，便不再和张耳死战，骑着马逃跑了。张耳带着几名士兵紧追不舍。陈余逃到泜水河

韩 信
HAN XIN

边，被寒冷的河水挡住了去路，只好回身再和张耳等人大战。张耳大骂道："陈余，你这个混蛋，我做我的常山王，和你有什么关系，你竟然串通田荣，攻破我的都城，害我成了亡国之君。今天我要报仇，你死定了！"

陈余也大骂道："你本是赵王的丞相，居然大逆不道地取代赵王，统治赵国。我不过是替天行道罢了！虽然我今日兵败，但就是死也要和你决战到底！"说着陈余拍马向张耳奔去，两人又展开了厮杀。

陈余一心求死，只攻不守。张耳见状，大笑道："陈余，你只攻不守，但求一死，我就成全你。"说着，张耳挥舞着手中的宝剑，往陈余的胸前刺去。陈余一个不小心，胸前被划破。于是，陈余急忙拍马往泜水冲去，他想冲过泜水，逃到对岸。张耳哪里肯放过自己的敌人！他立刻从背上取下弓箭，对着陈余的后心射去。

张耳大叫一声"中"，箭直奔陈余而去。陈余的马落入水中，受到水的冲击，无法及时躲闪。张耳的箭正中陈余的后心。他惨叫一声，落入了泜水，鲜血立刻把水面染红了，过了一会，陈余的尸体浮了起来。张耳看着尸体，喃喃道："大仇已报！大仇已报！"

张耳回过头来，看到赵王歇被几名汉兵围在包围圈里瑟瑟发抖，他便大喝道："把他绑了，带去见大将军。"士兵们得到命令，立刻把赵王歇捆绑了，带着去见韩信了。

至此，在和赵兵的作战中，韩信以三万人打败了陈余和赵王歇的二十万大军，大获全胜。这就是历史上著名的"背水一战"。

❋ 师事广武君 ❋

就在韩信给将领们讲解"背水一战"的时候，一名将领押解着广武君李左车来到了韩信的面前。韩信见状，急忙上前去解开了李左车身上的绳子，要他面向东面坐着，自己则站在他的面前，以学生对待老师的礼节来对待他。

李左车看见韩信如此真诚，心里十分感动，他当即表示愿意归顺韩信。韩信忙说道："老师乃是一个经天纬地之材！如果陈余听从了老师的建议，恐怕我韩信这个时候已经身首异处了！请老师一定不要嫌弃我们曾经为敌，收下我这个学生吧！"

韩信说得十分真诚，李左车当即握着他的手说："大将军言重了！"

韩信见李左车愿意收自己作学生了，就问道："老师，我想挥师北上攻打燕国，东进攻打齐国，怎么样才能取得成功呢？"

李左车谦虚地说："我听说'被打败的将领不可以谈论勇敢；亡国之君的官员没有资格活下去'，今天我只不过是大将军的一个俘虏，有什么资格在您的面前谈论军机大事呢？"

韩信听到李左车的托辞，急忙说道："我听说过，战国时期的百里奚居住在虞国，辅佐虞王的时候，虞国灭亡了，但是当他到了秦国，辅佐秦王的时候，秦国就称霸了诸侯。

这并不是因为百里奚居住在虞国的时候很笨，到了秦国就变得聪明了，而是看谁愿意重用他，听不听他的建议啊！如果这次陈余听从了老师的建议，我韩信现在已经成了赵国的俘虏了。正是因为陈余不愿听从您的建议，我才有机会当您的学生啊！"

韩信见李左车不说话了，就又说道："我是真心向老师请教的，请老师不要再推辞了！"

李左车见韩信是真心诚意要尊自己为老师的，就说道："我听说'智者千虑，必有一失；愚者千虑，必有一得'，所以说'狂妄的人说的话，圣人也可以选择有益的'。即使我的计策大将军没有采用，我也愿意尽心尽力为您献计。陈余也是一个聪明的人，他之前作战也是计谋百出，百战百胜。当初他能够打败常山王就是一个很好的例子。但是他由于这次错误地使用了计策，导致兵败身死。这就是不愿听从建议的结果啊！如今大将军渡过黄河，攻破了西魏，俘虏了魏豹，灭了代国，生擒夏说，又在井陉口之战中用背水一战的战术在不到一天的时间内就打败了赵国的二十万大军，诛灭了陈余。大将军的威名早已在诸侯之间盛传了。可谓名闻海内，威震天下了！农民们没有一个不停下手中的农活，穿着光鲜的衣服，等着跟随大将军南征北战，建功立业的！这正是大将军的长处啊！但是现在大将军的士兵连月征战，已经十分困乏了，实在是不能继续作战了。如果大将军带着困乏的士兵去攻打燕国的铜墙铁壁，恐怕不是一时半会能够攻破的。燕国的士兵自然知道大将军的威名，他们恐怕也不会开城和您大战！这样一拖，时间就会很长。时间一长，大将

军就无法在异国他乡保障充足的后勤补给，所以取胜的可能性很小。到时候如果燕国不投降，齐国就会加强兵力，和大将军对抗！到时候，大将军就会陷入和燕国与齐国的征战之中。刘邦和项羽现在又难以分出胜负！您陷入了战争就无法支持刘邦打败项羽了。这正是大将军的短处啊！我虽然很愚笨，但是也认为您现在要攻打燕国和齐国的计划不太可行啊！所以说，善于用兵的人不拿自己的短处去攻打别人的长处，而是用自己的长处去攻打别人的短处。"

韩信见李左车说得很有道理，又急忙问道："那我该怎么办呢？"

李左车接着说道："我为大将军考虑，最好的办法就是按兵不动，镇守在赵地，休整士兵，发展生产，取得民心。到时候，方圆百里之内的老百姓都会给大将军的士兵们送来牛肉和美酒，来犒赏他们。大将军再派一支强大的军队往北向燕国开进，同时派一个能说会道的人给燕王送去一封短信，把您的长处都说给燕王听。燕王肯定不敢不听从大将军的话，他一定会投降的。燕国臣服了以后，大将军再派一个使者到齐国去招降齐王，齐国见到燕国已经臣服，也不敢不臣服您。就算齐国有再聪明的人也想不出什么好办法了！大将军如果可以这样做的话，统一天下的大业就可以完成了。这就叫做'用兵之道贵在先声夺人'，然后再采取强大的军事行动！"

韩信听了李左车的一番话，心里顿时亮堂了。他对李左车说："老师果然高明，韩信自愧不如！"于是，韩信采纳了李左车的建议，一边派兵往北向燕国的边境进军，一边派

了一个能说会道的人给燕王臧荼送去了一封短信。

韩信在信上说："燕国大王，我韩信渡过黄河，攻破了西魏，俘虏了魏豹，灭了代国，生擒夏说，又在井陉口之战中用背水一战的战术在不到一天的时间内就打败了赵国的二十万大军，诛灭了陈余。我不想和大王刀兵相见，但是无奈汉王有令，定要平定燕国，请大王三思！"

韩信在信上虽然没有明说要燕王臧荼投降，但是字里行间的气势已经把臧荼镇住了。

臧荼看了信以后，满脸的冷汗冒出来，而且他这时听说韩信的大军已经快赶到了燕国的边境。臧荼大惊，急忙盛情招待了韩信的使者，并投降了。

韩信不用一兵一卒就占领了燕国，他立刻派人去向刘邦汇报，并请求刘邦立张耳为赵王。刘邦得到韩信连战告捷的消息后，十分高兴，当即就答应了韩信的请求。于是，张耳被封为赵王，镇守赵国，发展生产。

这时，项羽仍在荥阳和刘邦对峙，他听说韩信已经平定了西魏、代国、赵国和燕国等诸侯国，十分生气。项羽立刻派兵去攻打韩信。韩信和张耳击败了项羽军队的进攻，并派兵到荥阳支援刘邦。刘邦得到韩信和张耳的支持，勉强能够与项羽抗衡。

范增命丧反间计

　　刘邦在荥阳和项羽对峙已经几个月了。几个月的时间里，刘邦坚守不出，不敢迎战项羽。因为在彭城大战中他尝尽了项羽的苦头，自知不是项羽的对手，于是想到联合东方的其他诸侯一起攻打项羽，战胜以后，共分项羽的领地。其实他并不愿意与他们平分土地，但是没有办法。无奈，他把张良叫到面前，问他："东方的诸侯中哪些可以助我攻楚呢？"

　　张良回答说："现在大王兵多将广，但是真正能独当一面的将军却很少。韩信是我们军中唯一可以领兵征战的大将。至于东方诸侯中，我看只有彭越和黥（qíng）布可以和项羽一战。其他人都是摆设，他们只会投靠战胜者。"

　　刘邦觉得张良说得很有道理，就立刻派人去和彭越联系，商议联合攻打项羽。彭越自然同意联合，因为他本来就与项羽不和，两人已经大战多时了。但是黥布就没有那么好说服了，毕竟他跟随项羽南征北战多年，曾经号称"项羽部下的第一员猛将"。"怎样才能让黥布和项羽开战呢？"刘邦想着。

　　当时，战国时代的纵横家还很盛行。刘邦也想到了任用一个能说会道的人去说服黥布，可是谁可以担当这个重任呢？他想了很久也没有想到这样一个人。

　　第二天，刘邦召集将领们到营帐商议，最后，一个叫随何的人毛遂自荐，得到了刘邦的认可。当天夜里，便往六县进发了。随何到了六县（今安徽六安县北十三里），黥布

只派自己的太宰去接待他，自己则在宫中不出。随何见黥布不愿接见自己，就对太宰说："大王不肯接见我，一定以为我是为汉王来说服他反抗项羽的。大王一定认为楚强汉弱，和项羽作对只有死路一条。我这次来就是要向大王分析天下的形势。如果我说得没有道理，宁愿大王杀了我，去向项羽邀功。"

太宰把随何的话转告黥布。黥布见他说得这么有把握，就召见了他。黥布说："项王兵多将广，而刘邦不过是一个成不了大事的小诸侯而已，有什么好分析的！彭城大战中，项王以万千骑兵大败你们五十六万大军就是最好的明证。"

随何见黥布这样说，就回答道："大王错了，胜败乃是兵家常事！我认为您不愿意和汉王联合反楚，只是因为您认为项羽强大，汉王弱小。而实际上，您是想保存自己的实力，不过在天下大乱的时候，你能够保存实力吗？"

黥布见随何一下子就说中了自己的心事，惶恐地说："我是项王的臣下，我怎么会只想保存自己的实力呢？"

◎黥布（前？—前195）：六县（今安徽省六安）人，本名英布，因为受到过秦朝的黥刑，所以又叫黥布。秦末农民起义之初，黥布投靠项羽，为项羽帐下的第一猛将。项羽分封天下时，封他为九江王。后来项羽兵败，他投靠刘邦，被刘邦封为淮南王，是汉初著名的将领之一。

随何接着说："当初项羽带兵大战齐国时，曾向你征兵，你装病不出，只派了几千人前去助战。汉王带领五十六万大军大举进入彭城的时候，你这个做人臣下的为什么

不倾全国之兵，去和汉王作战呢？"

黥布被随何说中了心事，一句话也说不出来。随何又说道："如今天下人都知道项羽杀了义帝，汉王举义军为义帝报仇。所以，楚国虽强，但是并不能得到老百姓的支持，而汉王虽弱，但是老百姓都很支持他。而且现在汉王屯兵荥阳，项羽要想打败汉王，一定要穿过梁地运送粮食。梁地的彭越已经和汉王联合，他随时可以切断项羽的后勤补给。试想项羽如何能够战胜呢？所以，项羽必定会失败，汉王必定可以称霸天下。如果汉王能夺取天下，到时候汉王还会把九江分封给您的。"

黥布见随何说得很有道理，心有所动。就在这时，项羽的使者也到了。黥布慌忙让随何躲起来。项羽的使者告诉黥布，项王要他一起举兵攻打荥阳。

黥布和项羽的使者正在讨论的时候，随何从内室跳了出来，对项羽的使者说："九江王已经投靠汉王，要与汉王联合攻打项羽，还怎么会派兵攻打荥阳呢！"

黥布大惊，不知如何是好。项羽的使者愤怒地对黥布说："我要马上报告项王，派兵消灭你。"

随何对黥布说："事情已经这样了，您还不赶快杀了项羽的使者。"黥布无可奈何，只好杀了项羽派来的使者，起兵反楚。

项羽闻知黥布不但不派兵和自己一起攻打荥阳，还起兵背叛自己，大怒道："这个混蛋怎敢如此！"于是，他马上派大将龙且和项声带兵攻打九江王黥布。

刘邦本来以为黥布起兵可以拖住项羽几个月，但是他错

了。项羽的大将龙且带着楚军长驱直入，直奔黥布的都城六县。黥布慌忙组织兵力抵抗。

黥布只想保住九江地区，并不打算真正和项羽为敌，而且他的部下中有很多都曾在项羽的部队里服过役，他们心里都很尊重项羽。所以黥布和部下们不愿和龙且死战。很快，龙且和项声大破黥布。黥布带着几千士兵跟随随何从小路投奔刘邦去了。

刘邦见黥布来降，大喜，拨出一些士兵交给黥布调遣。黥布的实力又充实起来了。这时，项羽的大军围攻荥阳越来越紧了。刘邦大惊，赶紧带着黥布和其他大将在荥阳防守。

很快，楚汉双方在荥阳摆开了阵势，一场混战就要开始了。

项羽的军队是一支很奇怪的军队，只要项羽在阵前振臂一呼，将士们就像下山的猛虎一般往敌阵冲去。刘邦的大军在彭城领教过项羽士兵的厉害，他们不敢和项羽正面交锋。就听从张良的建议，起用秦朝的降将李必和骆甲，组建了一支骑兵，才算挡住了项羽的攻势。项羽不能通过荥阳，但是也无其他办法。就这样，两军在荥阳又对峙了一年多。

刘邦的军队驻守在荥阳南边，那里交通不便，无法运输后勤补给。于是，他下令修通了通往黄河的甬道，从黄河上把粮食运过来。可项羽怎能容忍刘邦这样的做法呢！他带着军队屡次占领了甬道，抢了刘邦的粮食。

于是，刘邦军中的粮食越来越少，项羽军的士气越来越高涨。项羽见时机已经成熟，就向刘邦发起了大规模的军事进攻。刘邦见状，赶紧逃到了荥阳城里，关闭城门，藏了起

来。项羽引兵把荥阳围了个水泄不通。

　　刘邦害怕了，他担心自己就这样死在了荥阳，于是派使者去向项羽请和，提议双方休战，以荥阳为界，荥阳以东归项羽统治，以西归刘邦统治。项羽是个军事家，不懂政治。他见刘邦向自己屈服了，心下大喜，想答应刘邦的请求。这时，范增对项羽说："刘邦是个贪婪的小人，你放过他很容易。但是以后他必定会卷土重来，到时候你就要后悔了。"

　　项羽见范增说得很有道理，就说道："亚父是个有谋略的人，我听亚父的。"于是，项羽和范增围困荥阳更紧了。

　　刘邦见项羽不肯接受自己的请和，不知所措起来。眼看城中的粮食越来越少，很多汉兵都产生了投降的想法，刘邦急忙召集将领们商议对策。陈平站出来对刘邦说："大王，项羽为人非常自负，虽然他很爱自己的士兵，但是他不信任别人。他只任用项家人，不肯任用其他有才能的人，而项家的几个将军除了他自己以外，都没有什么能力。如果我们利用项羽的这个弱点，用计离间他们君臣之间的关系，荥阳之围就可以破解了。"

　　刘邦觉得陈平说得很有道理，就采用他的建议，给了他四万两黄金去收买楚军。陈平原来是项羽的属下，认识很多楚军。他带着四万两黄金收买了一些楚兵，要这些楚兵散布谣言说："钟离昧和周殷等人战功卓著，项王却不愿意封他们为王。钟离昧和周殷要投靠刘邦，一起攻打项羽，瓜分他的土地。"谣言很快就传到了项羽的耳朵里。项羽疑心大起，不再重用钟离昧和周殷等人。而此时，项羽的身边只有钟离昧、周殷、龙且、范增等人是真正有才能的人了。其他

的将军都是项家人，不堪大用。

刘邦见陈平成功地离间了项羽和钟离眛、周殷等人的关系，又问他道："现在项羽的身边真正有能力的人就只有范增和龙且了。我该怎么办呢？"陈平胸有成竹地说："大王就把这件事情交给我来办吧！"

一天，项羽派使者来到荥阳城里，要刘邦投降。陈平准备了华美的餐具和丰盛的美食。使者来了，陈平热情地把他迎入室内，故意要他看见华美的餐具和丰盛的美食。然后，他问使者："您是为项王出使汉王，还是为亚父出使汉王的呢？"

使者答道："我是项王的使者。"陈平故意装作大吃一惊的样子说："我以为您是亚父的使者呢！"

说完，陈平叫人把华美的餐具和丰盛的美食搬走了，换上一桌粗茶淡饭。

项羽的使者不高兴了。而陈平对他也没有刚见到时那么热情了，只是爱理不理的态度。使者回到军营中，把这些事情都告诉了项羽。项羽心下狐疑道："他们为什么对我的使者这么没有礼貌，反而想要厚遇亚父的使者呢？难道亚父和刘邦在暗中往来？"项羽不肯相信范增和刘邦在暗中勾结，

于，项羽借口范增年龄大了，把他的军权削弱了。

范增知道项羽一定是怀疑自己了，就大怒道："这个混蛋项羽怎能成就大事！"他来到项羽的营帐中，对项羽说："大王，现在天下的大事已定，您已经把刘邦围在了荥阳，只要刘邦一死，天下就是您的了。我年龄大了，不想再在战场上驰骋杀戮了。请大王允许我告老还乡，回到彭城去。"

项羽本来就怀疑范增，现在见他要告老还乡，自动放弃兵权，正好遂自己的心愿，就同意了范增的要求。范增坐着马车一路往东，向彭城进发。但是他毕竟年龄大了，而且还被项羽给气了一通，还没有到达彭城，就身染重病死去了。项羽这时才明白自己中了刘邦的离间计，大怒道："刘邦这个混蛋竟敢如此，我要进入荥阳杀了他。"于是，项羽下令攻城。士兵们在项羽的带领下，向荥阳发动了猛烈的进攻。汉兵渐渐抵挡不住了，情况越来越危急。

刘邦心急如焚，他对部下们大声道："我该怎么办？我该怎么办呢？"纪信站出来对刘邦说："现在情况已经十分危急了，只有让我假扮成大王，去投降项羽，您趁机从小路逃走吧！"刘邦见此时还有人愿意为自己去死，非常感动。他答

◎纪信（前？—前204）：巴郡阆中（今四川省西充县）人。跟从刘邦起兵，为部曲长。他是"楚汉之争"时保护刘邦有功的著名将领。第一次荥阳大战时，刘邦被项羽围困，他诈称刘邦，救了刘邦一命，自己却被项羽烧杀了。

韩 信
HAN XIN

应了纪信的请求，召来荥阳城中两千名女子假扮成汉兵，由纪信带领着从东门出去投降。

夜里，楚军虎视眈眈地注视着城门的动静，他们唯恐刘邦逃走了。这时，纪信带着两千名女子打开了东门，奔了出来。楚军见有"汉兵"从东门奔出，就一拥而上，把纪信围了起来。纪信坐在刘邦的黄色马车上，对着楚军大喊："荥阳城中粮食已尽，我刘邦出来投降了。"

楚军们见"刘邦"投降了，都大声喊着："项王万岁，刘邦投降了！项王万岁！"项羽听到士兵们的呼喊声，骑着马奔到了东门。这时，刘邦趁机骑着马带着几十个人从西门逃出，往成皋（今河南省荥阳市西）奔去。项羽纵马奔到马车边上，大声说道："刘邦，你快出来，不然我杀了你。"纪信估计刘邦已经逃走了，又听到项羽在马车外，就出来了。他对项羽说："大王，我是纪信！"项羽大怒道："你这个混蛋，怎敢骗我。刘邦呢？"

纪信回答道："汉王已经和随从们从西门走了。"

项羽听说刘邦已经逃走了，更加愤怒了。他一把抓过纪信，提了起来，大声说："你这个混蛋竟然骗了我，我要你死无葬身之地！" 项羽让士兵架起了很高的木柴，把纪信捆绑起来丢了进去。项羽下令点火。大火很快烧了起来，熊熊大火很快就把纪信烧得只剩下一堆白骨了。

士兵们问项羽："大王，这些女子怎么办呢？"项羽大怒道："我项羽从不杀女人！"于是，项羽就把两千假扮成汉兵的女子给放了。

刘邦逃走的时候，留下了御史大夫周苛、枞公、魏豹驻

守荥阳。魏豹就是原来的西魏王，韩信攻下西魏以后，俘虏了他，就把他交给了刘邦。刘邦任命他为御史大夫。

项羽杀了纪信以后，下令天亮后再次攻打荥阳。周苛和枞公在荥阳城中悄悄商议说："魏豹这个家伙原来是西魏王，他多次投靠汉王和项羽，是一个反复无常的人。如果项羽攻城太急，他一定会起兵投靠项羽的。不如现在就杀了他。"他们派人去把魏豹找来，说是有重要的事情要商量。魏豹一到，两人就忽然拔剑，把他杀了。

刘邦夺兵权

刘邦逃出荥阳，到了关中，立刻组织兵力，准备到荥阳和项羽大战一场。这时，一个姓袁的书生向刘邦建议道："大王，我们和项羽在荥阳对峙已经不是一两年的事情了。从汉楚开战到现在，我们已经在荥阳坚持了好几年。这几年里，我们常常被项羽围在城里不能出来，吃尽了苦头。我们和项羽正面交锋是不能胜利的，所以只能想办法，把项羽支开。现在，大王可以带兵从武关出去，到南宛（今河南省南阳市）去。项羽看见大王去南宛，一定会带着军队追过去。大王就在南宛高垒深沟，不要和项羽开战。这样就可以让成皋和荥阳的战况暂时得到缓解。我们驻守那里的士兵也可以缓一口气啊！然后，大王再派韩信和张耳在河北（黄河以北，并非今天的河北省）攻下赵地，把燕国和齐国也攻打下来。项羽见赵、燕和齐被韩信攻下来，一定又会带着军队去

解围的。到时候，大王再带着军队从南宛到荥阳也不迟。这样我们的士兵不但可以得到充分的休息，还可以让项羽东西不能两顾，必定疲惫。项羽需要守卫的地方多了，兵力就会分散。我们还愁不能打败他吗？"

刘邦听到袁生的高论，大喜道："我将来一定重用你。"于是，刘邦按照袁生的建议，带着军队从武关到了南宛。刘邦一边行军，一边和黥布一起沿途招收士兵。

项羽得知刘邦已经带着军队到了南宛，就带着军队追击而去。到了南宛，项羽派人挑战，刘邦紧闭城门，不和他正面接触。两军在南宛相持着。就在这时，彭越又在东方率兵渡过黄河，进攻东阿（今山东省东阿县）。守备东阿的楚将是薛公和项声。

项声和薛公不是善于用兵的人，根本就无法抵抗彭越的军队。彭越很快就攻破了东阿，杀了薛公。项声在城破之时，骑着马逃跑了。这时的项羽实在是分身乏术，因为整个楚军中除了他自己以外，已经没有可以带兵打仗的将领了。这种局面的形成和项羽多疑的性格有很大的关系。因为多疑，项羽不再任用钟离昧和周殷，范增也死了。其他的将领都是项家的人，而这些人根本就不是带兵的料。

项羽听说彭越已经攻破了东阿，薛公也兵败被杀了，大怒，立刻带着军队从南宛往梁地去攻打彭越了。项羽亲自领兵，自然攻无不克，战无不胜，他很快就把彭越打败了。彭越逃离东阿，继续带着军队在梁地进行游击战。

可是，就在项羽领兵东进，攻打彭越的时候，刘邦又带着军队到了成皋和荥阳一线。此时项羽除了他自己能领兵以

外，已经没有大将可以任用了，没有办法，只好又亲自带兵回师荥阳。

到荥阳的第二天，项羽就带着士兵们向荥阳发动了猛烈进攻。汉兵们见项羽亲自指挥军队，斗志很快彻底崩溃了，纷纷放下武器投降。项羽攻下了荥阳，活捉了周苛、枞公。项羽对周苛说："你投降吧，我封你为大将军，食俸三万户。"

周苛骂道："你不投降汉王，还要我投降你？"他始终不从，于是项羽把他丢到了大锅里，烧火煮死了，并把枞公也杀了。

荥阳混战结束了，虽然表面上是项羽得胜。可是从此以后，项羽几乎成了真正的孤家寡人。钟离昧和周殷因为项羽的多疑，再也没有得到重用；范增因为项羽的怀疑，病死在了东去彭城的路上。

荥阳混战之后，刘邦带着几十个随从一路往成皋逃去。他们一边逃，一边聚集从荥阳逃出来的士兵。

公元前203年，项羽带着大军往成皋追击刘邦。刘邦刚刚在荥阳被项羽打得落花流水，不敢出城迎战，就和夏侯婴从北门骑着马逃跑了。刘邦和夏侯婴从成皋逃出以后，渡过黄河往张耳和韩信的军中逃去。成皋的一些汉将后来趁项羽守备不严也逃了出来，又投奔刘邦去了。项羽见很多汉将都逃出了成皋，大怒，下令攻城。城中的汉兵哪里是项羽的对手，项羽很快就攻破了成皋。

刘邦和夏侯婴一路快马加鞭，径直往韩信大军的驻地修武赶去。一天下午，他们已经赶到了离韩信军营只有三四十

韩 信
HAN XIN

里的地方。夏侯婴催促道："大王，还有三四十里路，只要我们快马加鞭，今天就可以见到大将军了啊！"

刘邦沉默不语，一副满怀心事的样子，只是望着修武的方向发呆。

夏侯婴见状，忙问道："大王是不是有什么顾虑啊？"

刘邦说："现在我兵败荥阳，手中已经没有一兵一卒了，韩信则手握重兵，雄踞一方，如果他对我有异心，那我们就死无葬身之地了啊！"

夏侯婴见刘邦担心韩信会谋反，就说道："大王，您也太多心了！韩信虽然手握重兵，雄踞一方，但他是个多情重诺的人。他怎么会不接待大王呢？只要到了大将军韩信的军中，我们就安全了啊！"

刘邦叹了口气说："如今我们两人没有一兵一卒，韩信只要大吼一声我们就会没命的啊！他

手中拿着大将军的兵符和印信，军队就归他指挥啊！我们要先想个办法，拿到兵符和印信，控制住韩信的大军。这样我才能放心啊！"说着，刘邦令夏侯婴找了家客店，休息去了。夏侯婴不解，但还是遵照刘邦的吩咐去做了。

第二天天还没亮，刘邦便起身叫醒夏侯婴赶路去了。夏侯婴问道："大王，我们只有三四十里的路程，为什么这么早就起身赶路了呢？"

刘邦笑而不答。两人一路纵马，很快就到了韩信在修武的大营。这时，天才刚刚亮。刘邦让夏侯婴去对哨兵说汉王有紧急军情，派使者来求见大将军韩信。夏侯婴遵照命令去做了。

哨兵急忙报知当日执勤的将军。执勤的将军忙出营来迎接"汉王的使者"。他们来到营前，刚要问有什么紧急军情，一见是刘邦，执勤的将军忙跪在地上说："不知道大王驾临，小人罪该万死啊！大将军韩信和赵王张耳还没有起床，我马上派人去叫醒他们，要他们出来迎驾。"

刘邦挥了挥手说："不用了，他们连日用兵，想必已经十分困乏了。我们直接到大将军的营帐去吧。"此前，刘邦的心中忐忑不安，他担心没有机会取得兵符和印信呢！现在听说韩信和张耳都在睡觉，还没有起床，他心中大喜。

执勤将军见刘邦如此体贴将士，自然是十分感动。他领着刘邦和夏侯婴直奔韩信的营帐而去。众士兵见执勤将军十分恭敬地领着两个人进来，也都十分恭敬地行礼。这时，执勤将军说："汉王驾到，快叫大将军出来接驾。"

刘邦忙说："不必拘礼，我亲自进去便是了。"众士兵

见刘邦亲临，忙跪在地上迎接。刘邦则顾不上什么君臣之礼了，抢上前去，闯进了韩信的营帐。他见韩信正在熟睡，心中大喜，忙蹑手蹑脚地走了过去，从韩信的衣服上解下兵符和印信。然后又一声不哼地退了出去。

刘邦把兵符和印信挂在身上，顿时意气风发起来了。他端坐在大帐中，命令执勤将军擂鼓集合将领。执勤将军哪里敢怠慢，急忙执行命令去了。

韩信在睡梦中听到有人擂鼓，忙起身问道："是谁在清晨擂鼓？"他一边说着，一边来到大帐中，忽然看见刘邦端坐在中间，手持兵符和印信发号施令，顿时大惊失色，慌忙跪在地上，说道："韩信不知大王亲临，有失君臣之礼，罪该万死！"

这时，刘邦已经控制住了韩信和张耳的军队。他已经放心下来了，笑着说："大将军一路平定西魏、代、赵等国，招降了燕国，最近又和项羽大战，劳苦功高啊，多睡一会也是应该的。"

韩信见刘邦已经控制了军队，心中自然是不敢有什么想法。刘邦随即部署众位将领，他派张耳带兵往北攻下赵国的全部领土，派韩信往东攻打齐国。刘邦控制了韩信和张耳的大部分军队以后，又声势大振起来。

第四章

领兵定三齐

大战齐国

刘邦命令张耳镇守赵地，封韩信为相国并要他在赵地征召士兵，前去攻打齐国。韩信得到命令立即在赵地征召士兵。韩信的威名早已在诸侯之间传开，老百姓见他征召士兵便纷纷把自己的儿子送到了他的军营。不久，韩信重新聚集起了几万人马，向齐国进发了。齐王田广闻听韩信领兵往齐国而来，急忙派大将军华无伤和田解领兵在历下（今山东省济南市历下区）阻击韩信。

就在刘邦命令韩信在赵地征召士兵，准备攻打齐国的时候，郦食其对他说："大王，韩相国领兵打仗所向无敌。他在一年多的时间内攻下了西魏、代国、赵国，招降了燕国，北方大部分地区已经平定了。放眼望去，整个黄河流域只有齐国还没有归顺大王。齐国田氏势力强大，齐国背靠大海和泰山，面向清济、浊河等，而且与楚国相邻，是一个军事要地啊！韩相国现在领兵征齐是决定胜败的一举啊！但是齐国人生性狡诈多变。当年田荣背叛项羽，项羽便率领数十万大军去平定齐国。项羽用了几年的时间才打败田荣，但是田荣刚死，他的弟弟田横又聚集起士兵和项羽作战。如今大王派韩相国领兵攻打齐国。虽然韩相国攻无不克，战无不胜，但是两军一旦开战，我们必有伤亡，而且不知要用几年的时间才能攻下齐国。兵法上说：'要敌人举国投降是上策，带兵打败敌国就略输一筹了；能够完整地保留敌国的军队，要他们投降是上策，打败敌国的军队就略输一筹了。所以说百战

百胜并不是最高明的事情，最高明的事情是不需要战斗就征服了敌人。'因此，我请求大王让我作为使者，出使齐国，凭借自己的三寸不烂之舌说服齐王，要他投降大王。这样不但可以免于战争，减少部队的伤亡，还可以很快平定天下。请大王考虑我的建议！"

刘邦听了郦食其的话，略作考虑后说道："好，就派你为使者，出使齐国，为我说服齐王吧！"

郦食其得到命令，立刻往齐国出发了。他来到齐国对齐王田广说："大王，您知道天下最终会归于谁吗？"

田广见郦食其开门见山地问自己天下的大势，心里暗暗震惊。他说道："我不知道天下最终会归于哪位诸侯，请你为我分析一下吧！"

郦食其说："汉王刘邦最终会取得天下！"

田广问道："你为什么这么说呢？"

郦食其解释道："当年汉王率先领兵进入咸阳。按照楚怀王和各位反秦将领的约定，汉王应该被封为关中王，统治三秦之地。但是项羽违背约定，把他封到了汉中做汉王。之后，项羽把义帝迁徙到了江南的郴县，又在半路上派人杀了他，失去了民心。汉王听到这个消息，就带兵攻下了关中，率兵出关，声讨项羽弑杀义帝的罪行。他收服天下的士兵，拥立诸侯的后人为王，攻下城市以后就分封给自己的将领，获得了财物就赏给他的士兵，这是和天下人共享利益啊！所以各路英雄豪杰都愿意为汉王效力！"

田广听了郦食其的分析，心里暗惊道："还是刘邦会笼络人心啊！民心向背就决定着天下的大势，得到了民心也就

得到了天下。"

郦食其见田广似乎有所心动，就接着说道："项羽为人残暴、多疑！他曾经违背了谁先进入关中就封谁为关中王的约定，迁徙义帝并杀了他，这些不义之事天下人都知道。项羽从来不记得他部下的功劳，只记得他们的过失。部下们打了胜仗也不能得到封赏，攻下了城市也不会得到封地，只有项家人才掌握着军事大权。所以天下的老百姓都埋怨他，叛离他，没有人愿意为他做事。所以天下最终会归于汉王，这是马上就要实现的事情啊！"

田广听了郦食其的分析，认为他说得很有道理，心里暗暗打算投降汉国，向刘邦称臣。郦食其见田广犹豫的样子，又说道："汉王在大将军韩信的辅佐之下，'明修栈道，暗度陈仓'，一举攻下了关中，消灭了章邯。在随后的一年多时间里，汉王又派相国韩信迅速平定了西魏、代国、赵国，招降了燕国。韩信用兵如神，攻无不克，战无不胜，我料想大王的部下也没有人可以和他相提并论。所以汉王能够有今天的成就不是人力可以得到的，是上天在帮助他啊！眼下，汉王又已经派遣大军占领了敖仓（今河南荥阳东北敖山），把住了成皋的险要之地，扼守着白马津（渡口名，今河南省滑县北）和太行坂，据有飞狐口（在河北涞源县北、蔚县南），天下不臣服他的诸侯都已经灭亡了。你如果投降他，还可以保有齐国，继续做齐王；不然的话，齐国的灭亡之期就不远了。"

听到这里，田广惊出一身冷汗。他想："韩信带领数万大军浩浩荡荡地往我齐国赶来，华无伤恐怕不是他的对手。

如果韩信攻破城池，我岂不是连齐王都做不成了？"想到这里，田广不再犹豫了，他急忙派使者去向刘邦投降了。

田广向刘邦投降以后，以为韩信的大军必退，因此也就放松了戒备。田广为了感谢郦食其用一番话点醒自己，每天和他在宫殿中饮酒作乐。郦食其在齐国的生活过得不亦乐乎！

韩信领着大军即将达到齐国的时候，听说郦食其已经说降了田广，田广已经派使者向刘邦递送了降书，便想停止进军，退到赵国去和张耳一起驻守赵地。

这时，一个叫蒯（kuǎi）彻的齐国辩士来见韩信，对他说："相国奉命攻打齐国，而汉王却暗中派郦食其招降田广。田广不过是担心相国的大军压境，他齐国不敌，才被郦食其说服，投降了汉王。这功劳却被郦食其一个书生抢去了！"

韩信听了蒯彻的话，心里如有所思，静静地坐在椅子上，一句话也不说。蒯彻见韩信不说话，就接着说道："相国得到汉王的命令，要你停止进军了吗？"

韩信回答说："这倒没有。我不过见田广已经归降，料想汉王一定不会再命令我进兵齐国了。"

蒯彻笑着说："相国，郦食其不过是一个书生罢了。他凭借自己的三寸不烂之舌，就轻而易举地说降了齐国的七十余座城市，而相国带着几万人马用了一年多的时间才攻下赵国的五十余座城市。相国领兵打仗数年，难道还不如一个书生吗？汉王的心里会怎么想呢？"

韩信恍然大悟道："你的意思是我应该继续进兵，一举

攻下齐国？"

蒯彻点头道："我在齐国住了多年，深知齐国田氏狡诈多变，他们现在投降汉王不过是迫于相国的军事压力。如果相国撤军，他们说不定又要联合项羽，进攻汉王了。所以说齐国只有用武力才能征服啊！"

韩信觉得蒯彻说得很有道理，就采纳了他的建议，指挥大军继续前进。

公元前203年冬天，韩信带着大军悄悄地渡过了黄河来到了齐国。驻守历下的华无伤见韩信的大军已到齐国，慌忙派人向田广汇报。田广得知韩信的大军并没有撤退，而是悄悄地来到了齐国，大惊道："韩信已到，这如何是好啊？"

这时，田广身边的人说道："大王，我们在历下已经派驻了数万大军，眼下不得不令华无伤大将军和韩信死战，打退他们的进攻了！"田广无可奈何地说道："这是唯一的办法了！"于是，田广下令要华无伤做好迎战的准备。

华无伤得到田广的命令，马上召集部将们商量对策。田解对华无伤说道："大将军，韩信虽然被人们尊为'兵仙'，号称用兵如神，攻无不克，战无不胜，但我认为这些不过是传说罢了。况且，韩信带兵远来，士兵们都已经疲惫了，我们以逸待劳，正好迎头给他们一击，打破韩信'兵仙'的神话。"

华无伤虽然是齐国的大将军，但无奈田解是田氏一族的人，也就不好说什么。他问田解道："将军可有什么退敌的好办法？"

田解说道："大将军，我愿率领一支部队，出历下去迎

战韩信，打破他'兵仙'的神话！"

华无伤说道："将军果然勇猛，我明日便分给你一万五千人马，出城迎战。我带着部队在历下坚守。如果你战胜，我就带着士兵们冲出去配合你，一举消灭韩信的主力。如果将军不幸战败，我就带着士兵出城接应你，以保万无一失！"华无伤和田解谋划已定，便各自准备去了。

第二天，韩信亲自率领大军往历下而去。将到历下的时候，侦察兵来报告说："相国，前面发现齐兵，大约有一万五千人马，带阵的将领是田解。"

韩信大笑道："哈哈，天助我也，历下马上就可以平定了。"众人见韩信大笑，都知道他已经想到了迎敌的办法。于是他们纷纷问道："相国有什么妙计可以攻破历下？"韩信把几名将领叫到身旁吩咐道："田解是齐王田广的家人，而且他为人有勇无谋，十分骄傲自大。华无伤虽然是大将军，但是他也不敢和田解有冲突，更不敢让田解有什么闪失。所以，我们这次就在田解身上做文章。"说着，韩信指着一名得力将领说道："我拨给你五千人马，你正面和田解交锋。田解的部队有一万五千人，因此你不可恋战，只要一与齐兵接触就假装失败往后退，把他引入我们的包围圈。"

韩信说完，又指着另外一名将领说道："你带着部队埋伏在田解追击的路旁，只要他进入包围圈，你就立刻带兵出击，杀他个出其不意。"

韩信见将领们都等着自已布置任务，就说道："这次大战我们要一举攻下历下，所以每个人都有任务。华无伤见田

解被围，一定会亲自带兵出城接应。你们等待他们的士兵已经全部出城了就迅速切断华无伤和田解之间的联系，拖住华无伤。我亲自带兵趁机夺下历下，然后挥军配合诸位从背后掩杀华无伤。"

众人听了韩信的吩咐，都各自领兵行动去了。

田解带着一万五千人马在历下城西二十里的地方遇到了韩信派出的疑兵。田解见韩信的军队只有五千人马，说道："区区五千人马也敢前来送死！看我把他们杀个片甲不留！"说着，田解便指挥部队向前掩杀。韩信派出的五千人马和田解厮杀一会，便假装失败往后退去。田解见韩信的军队撤退了，哈哈大笑道："韩信号称'兵仙'，其实不过如此！如果他早些遇到我田解，'兵仙'的神话早已不在了！"田解十分得意，不加丝毫考虑就带着军队往前追去。

韩信派出的疑兵见田解已经进入了包围圈，立刻掉头和他再次厮杀起来。

突然间，杀声四起，韩信埋伏在两侧的士兵一拥而上，把田解围了起来。田解的一万五千人马立刻慌作一团。汉兵们一个个就像下山的猛虎一般，冲进了田解的阵中。田解仰天长叹道："韩信啊，韩信！不想我田解今日误中了你的奸计了！"

田解见自己的阵势被冲乱了，士兵们渐渐不支，立刻下令往东退去，以便华无伤来接应自己。田解这边往后退一步，韩信的大军就往前追杀一步。齐兵纷纷倒下了，尸体很快就堆得像山一样高。鲜血从尸山流出来，慢慢地汇成了一条条红色的小溪。

华无伤在城墙上看见田解被围，心下大惊！他想："田解虽然只是我的副将，但是他是齐王田广的家人啊！如果他有什么闪失，田广会饶了我吗！"想着，华无伤集合了城里全部的士兵，带着他们冲出城去接应田解。

华无伤的士兵刚刚全部冲出历下城，韩信早已埋伏下的军队便一拥而上，切断了华无伤和田解之间的联系。华无伤救田解心切，不顾一切地指挥军队和韩信的大军作战。韩信见华无伤已经出城，立刻指挥军队打开城门，冲了进去，迅速占领了历下。

华无伤渐渐靠近田解。就在这时，田解大叫一声，被一名汉兵砍倒了。华无伤见田解被砍死，知道自己的性命也保不住了，他无心再和韩信的大军厮杀，便引着队伍往历下退去。韩信见华无伤往历下退去，立刻指挥军队在城门口拦截住他们。华无伤见前有堵截，后有追兵，心想自己今天无论如何也是逃不过去了，便指挥士兵和韩信死战。

韩信已经占了上风，根本没有把华无伤的残军放在眼里。他指挥士兵把华无伤和齐兵们重重围在中间。齐兵们见已经无法突围，纷纷放下手中的武器，投降了韩信。华无伤见身边的士兵越来越少了，也放弃了抵抗。韩信见状，立刻指挥士兵冲了上去，活捉了华无伤。

齐兵们见田解战死，华无伤被俘，再死战下去也毫无意义了！于是他们全部高喊着："韩相国，我们愿意投降！韩相国，我们投降！"

齐兵们投降了，韩信占领了历下。齐国的西大门被韩信打开了。

水淹敌军

齐王田广得知历下已被韩信攻下，心里既焦急又气愤。他一边召集文武百官商量对策，一边把郦食其叫来。田广对郦食其说："我听了你的建议，已经投降了汉王，为什么刘邦这厮还派韩信领兵来攻打我齐国呢？我看你来说降我不过是要我放松防备，好让韩信一举攻破历下。我中了你的奸计！"

郦食其听到历下已被韩信攻破，心里也暗暗吃惊，他叹息道："韩相国怎么会攻打历下呢？难道他不知道我已经说降了齐王？"他想向齐王田广解释，但是田广哪里还会给他机会啊！田广立刻叫人把郦食其捆绑了起来。

郦食其知道自己必死，也就不想再做解释了。此刻，他的心里只想着刘邦和韩信，觉得自己的这条命被这两个人害了！

田广见郦食其不说话了，就说道："果然被我猜中了，你就是刘邦派来配合韩信攻城的奸细。现在你无话可说了吧！"说着，田广派人把郦食其丢在了一口大锅里，活活地煮死了。

郦食其一死，田广立刻和百官们商议应对韩信大军的办法。田横说道："华无伤和田解战死，五万精兵被攻破，我们现在已经没有实力和韩信对抗了。我看不如派人去向项羽求救！"田广见叔叔田横说得很有道理，就采纳了他的建议，立刻派人去向项羽求救。

就在田广的使者奔往彭城，向项羽求救的路上，韩信的大军已经到达了齐国的都城临淄（今山东省淄博市临淄区）。田广见状，急忙带着自己的亲信往东逃到了高密（今山东省高密市）。田广一逃，驻守临淄的士兵顿时失去了斗志。韩信刚刚开始攻城，他们便纷纷放下武器投降了。韩信迅速平定了临淄。之后，韩信得知田广往高密逃去了，立刻亲率大军追击田广。

这时，项羽正和刘邦在广武山对峙。项羽数次挑战，刘邦紧闭军营，拒不应战。项羽进退两难，因为这个时候彭越在梁地屡次攻打楚国的守军，占领城市；韩信也已经平定了黄河以北的大部分地区；自己的军队却被刘邦牵制在广武山一带一年多时间了。如果亲自带兵回救梁地和齐国，刘邦肯定会从背后偷袭自己；如果不救，韩信一旦攻下了齐国，就会和刘邦、张耳等对自己形成包围之势。项羽左右为难，最后不得不让大将龙且带领大军前去营救齐国。

楚国大将龙且率领号称二十万人马的大军浩浩荡荡地往齐国进发了。在进军的路上，有人对龙且说："大将军，韩信率领汉兵从几千里之外赶到齐国作战，士兵们斗志高昂，必定死战。这样的军队简直锐不可当啊！而齐国和楚国的军队就在自己的家门口作战，士兵们依恋故土和亲人，缺乏死战的勇气，所以很容易失败。大将军不如和田广驻守在高密，深沟高垒，不和韩信正面作战，要齐王田广派自己的亲信到已经投降的城市去招抚百姓。已经投降的百姓如果听说齐王还没有死，楚国又派大将军带着二十万大军前来营救自己了，他们一定会纷纷反抗韩信，再投靠田广的。韩信带着

大军在离故乡几千里的齐国作战，而如果所攻之处的百姓都反叛他，他就得不到充足的后勤补给。时间一长，韩信的军心必乱，到时候大将军可以不战而使韩信投降啊！"

龙且自信地笑了笑，说道："韩信曾经在项王的帐下做一名郎中，我深知他的为人。韩信这个人没有什么大不了的，我从来没有把他放在眼里。况且项王派我率领二十万大军前来营救齐国，如果没有开战就迫使韩信投降了，哪还有我什么功劳呢？等我带领大军攻破韩信，齐国的一半就是我的了。这么好的事情，我为什么不和韩信大战，而是深沟高垒，迫使韩信投降呢？"

那人见龙且不愿采纳自己的建议，也就无话可说，悻悻而去了。

龙且带着军队赶到了高密。齐王田广见项羽派龙且率领二十万大军前来营救自己，心里大喜。他赶忙把龙且迎入军营，好好招待。

第二天，两军合并一处，由龙且率领，往西迎战韩信去了。齐、楚联军到达潍水边上，便看见韩信在西岸已经摆开了阵势。龙且命令士兵在东岸摆阵相迎。

晚上，韩信把属下的将领们都叫到营帐，对他们说："龙且是项羽属下的一员大将，他战功卓著，曾经率兵大败九江王黥布，而且齐楚联合，实力强大。所以这是一场恶战啊！因此我们不可强敌，只有智取。现在敌我两军在潍水两岸列阵，龙且要想攻打我们必定要渡过潍水。我看这文章只有在潍水上做了。"

众人见韩信说得很有道理，就纷纷问道："相国，只是

这潍水上怎么做文章呢？"

韩信略作沉思，微笑着说："水淹齐楚联军！"

众人见韩信说用水淹齐楚联军，都大惑不解，迷惑地看着他。韩信见状，就吩咐道："今天夜里，你们准备一万只袋子，悄悄地赶到潍水上游去，在那里往袋子里装满沙子，堵住上游的河水。然后你们就埋伏在那里。潍水上游被堵住了，下游的河水就会减少，渡河也就容易了。我明天亲自领兵渡过潍水去向龙且挑战。龙且必定带着齐楚联军倾巢而出，到时候我就假装失败，带着士兵退到潍水西岸。龙且见我们失败，一定会带着士兵追击过来的。你们看到龙且的士兵渡到河中央的时候，就掘开沙袋，放水淹齐楚联军。"

众人听了韩信的吩咐，都佩服地说道："相国用兵如神，我们真是比不上啊！"说着，众人各自准备去了。

天亮了，韩信来到潍水河边，见到河水比往日少了很多，大喜道："龙且啊，龙且，你的死期到了。"说着，韩信就带着部分士兵渡过了潍水，去向龙且挑战。龙且看到韩信领兵渡水，大喜道："韩信啊，韩信，你可知道我等你渡水已经多时了。兵法上说：'半渡可击。'我就是等你渡过一半士兵的时候，再向你开战啊！"

龙且骑马站在阵前，静静地等着韩信的士兵渡河。韩信似乎猜中了龙且的心思，便催促士兵们动作再快些。很快，韩信的大军就渡过了一半。龙且见状，急忙挥军掩杀过去。龙且不愧为项羽属下的一员猛将，他指挥士兵们左冲右突，不一会就把韩信的队伍冲乱了。

韩信见龙且越杀越勇，急忙下令收兵。他带着士兵们又

匆匆渡过潍水，退到了西岸。龙且看见韩信仓皇逃到了西岸，哈哈大笑道："我早说过韩信没有什么大不了的，刚一开战就被我打得落花流水了！"说着，龙且命令士兵全力追击过去。来到潍水河边，士兵们见河水比往日少了大半，都感到奇怪。他们纷纷说道："怎么今天潍水的河水这么少啊？"

龙且见状，大叫道："这是上天在帮助我们啊！赶快渡过潍水去追击韩信。"士兵们得到命令都纷纷往潍水西岸冲去。由于河水比往日少了大半，士兵们根本不用渡船，就淌了过去。龙且见士兵们争先恐后地渡河，自己也纵马冲进了河水。

韩信见龙且的军队大半已经踏进了潍水，便竖起令旗，要上游的伏兵掘开沙袋，水淹齐楚联军。沙袋一掘开，积蓄了一夜的河水就像山洪暴发一般奔涌而下。滔滔的河水，就像千军万马一样奔向龙且的大军。河水奔腾而下，很快就冲到了齐楚联军的面前，他们正争先恐后地渡河，根本没有注意到上游奔涌而下的河水。等到他们听到水声的时候，一切都已经晚了。滔滔巨浪，很快就把龙且八九万正在渡河的士兵吞没了。士兵们在冰冷的河水里挣扎着，渐渐地沉了下去。

龙且见状，仰天长叹道："怎么会是这样！"剩下的齐楚联军见大水吞没了自己的战友，顿时惊慌起来了。韩信看到龙且的队伍已经大乱，就指挥士兵们冲杀过去，把已经渡过潍水的齐楚联军重重围了起来。齐楚联军被突然的变故吓坏了，他们哪里还有心思和韩信的士兵大战啊！但是此时汉

兵的斗志却被充分调动起来，他们冲进齐楚联军的阵中，就像是饿狼进了羊群，左冲右突，一刀砍倒一个。

混战之中，龙且被韩信的士兵一剑刺进胸口，掉到马下，一命呜呼了！齐楚联军见自己的大将军被杀，顿时失去了斗志，他们纷纷放下武器，投降了韩信。

齐王田广在潍水东岸眼睁睁地看着龙且战败被杀，也没有丝毫办法。因为这时的潍水巨浪滔滔，他们根本无法渡过去。他见龙且已死，大半士兵被淹死，其余的士兵都投降了，就带着自己的士兵往北向城阳（今河南省信阳市北25公里处）逃去。河东岸剩下的楚军见大将军龙且被杀，齐王田广逃走，也都纷纷丢下手中的武器，四散逃命去了。

至此，韩信在潍水一战中，用水淹齐楚联军的方法大获全胜。齐国的主力部队和项羽营救齐国的二十万大军顷刻之间就土崩瓦解了。随后，韩信亲率大军在城阳追上了田广的军队，田广被俘。一路上，楚国逃散的士兵也都纷纷被韩信收服了。整个齐国都在韩信的控制之下了。

无赖汉王戏霸王

公元前203年冬，韩信平定了齐国所有的城市。这时，刘邦和项羽在广武山（今河南省荥阳市东北）对峙已经好几个月了。刘邦坚守不出，项羽十分生气。但是，刘邦是一个诡计多端的人。他见项羽带领大部分的楚军来到了广武，就下令刘贾支持彭越在项羽的后方梁地捣乱。他们屡次烧毁项

羽的军粮。项羽大怒，想带兵再次东进掩杀彭越和刘贾。但是梁地和广武山相距很远，他担心自己赶远路使士兵劳累，不能很快取胜，而刘邦再从自己的身后追杀过来。

此时，项羽真的是分身无术了。怎么办呢？项羽着急了！自从起兵反秦以来，项羽还从来没有这样着急过。急坏了的项羽忽然想到刘邦的父亲太公还在自己的军中。他想到了一个损招。

第二天，项羽摆开阵势，在军前架起了一口大锅和一张很大的切菜板，大锅里装满了水。他命令士兵们在锅下烧火，很快锅里的水被烧开了。滚滚的开水冒着热气。刘邦不知道项羽要搞什么鬼，就站在汉营前远远地看着。

项羽见锅里的水开了，就叫人把太公押来。项羽把太公五花大绑，放在切菜板上，对着刘邦大喊道："你到底要不要和我大战一场？如果你还不应战，我就把太公切了，放在锅里煲汤！"

刘邦这个无赖看见项羽要拿自己父亲煲汤，还是满不在乎地说："当年我们一起起兵反秦的时候，和楚怀王曾经有过约定，我和你结拜为兄弟，一起攻打秦国。我们是兄弟，我的父亲也就是你的父亲。如果你一定要杀我们的父亲拿来煲汤，别忘了分给我一碗。"项羽听到刘邦这样回答，气得暴跳如雷！

刘邦出身流氓，有很多损招，他怎么会怕贵族出身的项羽使用损招呢！项羽第一次想到一个恶毒的损招就被刘邦奚落了一通，心里十分生气。他大怒着对刘邦吼道："你这个混蛋说吧，你到底应不应战。如果你不应战，我真切了太公拿来煲汤！"

刘邦嬉皮笑脸地说："你煲汤吧！煲好了，喊我一声。"

项羽大怒，真的要把太公杀了拿来煲汤。这时，项羽的叔叔项伯劝他说："现在天下的事情还没有个准头，不知道你和刘邦谁能取得天下。刘邦这样的无赖为了取得天下，肯定不会顾及自己的父亲的。即使你杀了太公也没有什么用处，反而会惹祸上身。太公毕竟是长辈，你还是别杀他了。"

其实，项羽本来就不想杀太公，他只是想吓唬吓唬刘邦，让他出兵和自己大战一场。他见叔叔这样说，也就作罢了。

刘邦见了，心里暗暗得意，他想："你项羽这个公子哥和我玩损招还不够格呢！"

就这样，楚汉双方在广武山对峙了几个月也没有开战。士兵们几个月里没有吃一顿饱饭，没有睡一场好觉，都困苦不堪了。很多年龄大一点的士兵都生病了。项羽是个爱惜将兵的人，他见士兵们这么痛苦，自己也痛苦起来。

他又想和刘邦快快开战，一决雌雄，让士兵们赶快回到故乡去享受和平。刘邦和项羽则完全不一样，他要的是天下，才不会管士兵们的事情呢！他见项羽着急，更是开心了。

终于，项羽忍无可忍了。一天，他单身骑着马，冲到了汉营前，对着刘邦的营帐大喊："刘邦，你这个混蛋，赶快出来，我们两个单打独斗！现在天下因为我们两个人已经陷

入战火多年了，我已经于心不忍了。现在我们两个单打独斗，胜利的一方称霸天下，失败的一方就俯首称臣。我们别让老百姓为了我们两个人再遭受战争之苦了！"

刘邦知道项羽的厉害，哪里肯和项羽单打独斗！这时，他无赖的本性又暴露了。他掀开营帐的门，偷偷探出一颗脑袋，嬉皮笑脸地对项羽说："我宁愿和你斗智，也不愿意和你斗武力！"

项羽见刘邦如此无赖，又没有办法，只好纵马回到了军营。

就这样，两军又对峙了数月之久。项羽见刘邦久不应战，心中十分不高兴。一天，天气晴好，项羽骑马来到双方军营中间的山岭上，对着刘邦的营帐大喊道："刘邦，你出来，我想和你谈谈。"

刘邦听到项羽约自己谈一谈，不知如何是好。不去，必定被天下人耻笑；如果去了，项羽如此英勇，自己还有活命的机会吗？最后，刘邦还是硬着头皮去了。刘邦走出营帐，骑在马上，对着项羽大喊道："你离我远点，我就过去和你谈谈。"于是，项羽退到山顶的东边很远处，刘邦才往山顶的西边慢慢走来。

项羽对刘邦说："刘邦，你还算是个男人吗？你为什么不肯应战呢？"

刘邦回答道："项羽，我知道我打不过你。不过，你还不是我的对手，我会慢慢地把你的士兵消灭掉的。"

项羽说："你太不讲义气了！"

刘邦是个无赖出身，从来就不讲义气，不过他的损招很

多，总是能把死的说成活的，活的说成死的。他想了一下，就对项羽说："要说不讲义气，我认为你比我更不讲义气。你的不讲义气有十点：第一，当年我们和楚怀王有过约定，谁先进入关中，就封谁为关中王。我先进入了关中，可是你却把我封到了巴蜀。第二，当年北上救赵的时候，你假托怀王的命令把宋义杀了。第三，你已经在巨鹿（今河北省巨鹿县）大败秦兵，就应该带着军队回去向楚怀王汇报，可是你却擅自带着各路诸侯的军队进入了关中。第四，当年楚怀王和大家约定好进入关中不要滥杀无辜，掠夺财物，你不但烧了秦国的宫殿，还挖了秦始皇的墓，把奇珍异宝都私自藏了起来。第五，你以强凌弱，杀了降王子婴。第六，你在新安（今河南省新安县）坑杀了二十万已经投降的秦国士兵。第七，你分封天下时，把跟随你征战的将领都封到了富庶之地，而把原来的诸侯都迁到了偏僻贫穷的地方，最后使得诸侯和自己的将领反目成仇，大开杀戒。第八，你把义帝迁出了彭城，把那里作为自己的都城，而且还把韩王成带到了彭城，改封自己的将领统治韩地。第九，你暗中派人在义帝南迁的时候杀了他。第十，作为一个男子汉大丈夫，你身为人臣，而杀自己的君主，坑杀已经投降的士兵和百姓，只任用自己的亲人，不用有才能的人。这些都是天下人反对的大逆不道的罪恶。算算这些，是我不讲义气，还是你不讲义气呢？现在我带领各路诸侯军讨伐你这个大逆不道的人，是替天行道，我何苦要和你单打独斗呢！"

项羽听到刘邦如此数落自己，心里十分气愤，拿起手中的弓箭，就往刘邦的心窝射去。一箭正中刘邦的心窝，刘邦

落马了。

不过，由于距离太远，项羽这一箭并没有射死刘邦。刘邦落马后，立刻抱着脚指头，大喊道："项羽，你这个混蛋！你射中我的脚指头了。"刘邦之所以假装项羽射中了他的脚指头是为了安抚汉兵的军心和迷惑楚兵。其实，刘邦被项羽的一箭伤得很重。

回到营中，刘邦已经只能躺在床上了。张良对刘邦说："大王，请您一定要忍住伤病，出去抚慰军心，要士兵们知道您受的伤并不重，也要让项羽知道您受的伤并不重。"

刘邦有气无力地问道："为什么一定要我带病去抚慰士兵呢？"

张良接着说道："大王，我知道您现在受伤很重，不过您不能让士兵和项羽知道。如果士兵们知道大王伤得很重，甚至有生命之忧，那么士气必定会受到打击。如果项羽知道大王伤得很重，甚至有生命之忧，那么他必定会率兵攻打我们。"

刘邦见张良和自己想得一样，顿时感慨地说："知我者张良也！"

第二天，刘邦就在张良的陪同下，强忍着病痛，到军中去慰问士兵。士兵们本以为刘邦受了重伤，士气变得越来越低落。见到刘邦，他们都很关切地问道："大王，您的伤势如何？"

刘邦笑着回答道："项羽不过射中了我的脚指头而已，现在已经好了。"

士兵们见刘邦并无大碍，又士气大振起来了。项羽的士

兵在山顶上看见这一幕，急忙回去报告项羽。项羽暗想："刘邦这小子命还真大啊！"

刘邦本来就伤得很重，又在张良的强烈要求下出营慰问士兵，所以伤势更重了。张良等刘邦的亲信见刘邦生命垂危都很焦急，赶紧悄悄地把他送到了成皋养伤。因为成皋可以从敖仓运送军粮，所以后勤补给充足。在优越的环境中，刘邦的伤也很快就好了。

刘邦伤愈以后，就往西进入了关中。到了太子刘盈的驻地栎阳（今陕西临潼县），刘邦亲自慰问老百姓。他对百姓说："太子驻守栎阳，他对你们好吗？"老百姓回答道："太子仁义，对待我们很好。"刘邦见老百姓对太子刘盈很满意，大喜。这时，刘邦想到了司马欣。司马欣已经在汜水之战中兵败自杀了。刘邦之所以会在栎阳想到司马欣，是因为司马欣被项羽封为塞王时，就是以栎阳为都城的。刘邦为了向百姓炫耀自己的功绩，并威慑他们，就

◎刘盈（前211—前188）：他是刘邦的二儿子，后继位为汉惠帝，在位七年，政治清明，深受百姓的爱戴。但是汉惠帝优柔寡断，受到他的母亲吕后的牵制，最终抑郁而死，死时仅24岁，谥号"孝惠"。

把司马欣的头颅砍了下来,叫人悬在栎阳的闹市中。

老百姓见塞王已死，都十分惋惜，但又不敢表现出来。刘邦见状，更加得意了。他在栎阳停留了四天，又回到广武。这次，刘邦不但痊愈了，而且还从关中带来了很多士兵。于是，刘邦的兵力充实起来了。

千古忠臣侍刘邦

　　这时，韩信派使者带着自己的亲笔信来到广武见刘邦。刘邦得知韩信不但已经平定了齐国，还消灭了项羽的二十万大军和属下的大将龙且，特别高兴。他对使者说道："韩相国用兵如神，不愧'兵仙'的美誉啊！等到我平定了天下，一定重重封赏他！"说着，刘邦展开韩信的亲笔信，只见韩信在信上说道："大王，齐国人狡诈多变，很不讲信用，所以齐国是个很不可靠的国家。而且齐国的地理位置非常重要，它南边有很长的边界线和楚国相邻。如果大王要称霸天下，就一定要牢牢控制住这块地方啊！为了大王称霸天下的计划，我请求大王封我为代理齐王，镇守这里，保障齐国的田氏不反。"

　　刘邦看到这里，大怒道："韩信这个人也太不像话了！我和项羽在广武山对峙，还被项羽射中一箭，险些送命。我早晚都盼望着他能够带领大军来帮我打退项羽。他现在不但不带兵来帮助我，还要在齐国自立为王！"

　　张良和陈平见刘邦大怒，急忙一左一右猛踩他的脚。他们贴在刘邦的耳旁，小声说道："大王，如今我们正处在不利的地位，韩信手握重兵，可以决定您和项羽之间的胜败。如果他帮助项羽，项羽就会取得天下；如果他帮助大王，大王就会取得天下。我们现在根本没有办法阻止韩信自立为王啊！大王不如顺应韩信的意思，就立他为齐王，要他驻守齐地，也可以牵制项羽的后方啊！不然的话，韩信如果反叛，

到时候就麻烦了！"

刘邦听到他们的话，恍然大悟，急忙用原来的语气继续骂道："这个韩信真是个混蛋！大丈夫领兵打仗，平定了齐国，俘虏了齐王田广，理所当然地应该立为齐王，还代理什么呀？"

于是，刘邦派张良为使者，带着印和信前往齐国，封韩信为齐王去了。

项羽听说韩信已经杀了龙且，攻破了他的二十万大军，不由担心起来。项羽一生中南征北战，攻城略地，从来就没有怕过谁，但是他现在突然有了一种莫名的恐惧。给他造成这种恐惧的不是别人，正是他原来帐下的一个小小的郎中。

项羽想了想，就要自己属下中最能说善辩的武涉去见韩信，想说服韩信联结自己，共同对抗刘邦。即使不能要韩信和自己一起对抗刘邦，最起码也要他保持中立，既不帮刘邦，也不帮自己。

武涉领了项羽的命令，急忙往齐国去见齐王韩信去了。武涉见到韩信，对他说道："天下的百姓苦于秦朝的暴力统治已经很久了，所以四方豪杰纷纷起兵反秦，齐心协力地推翻了秦朝的黑暗统治。现在秦国已经灭亡了，项王根据大家的功劳来分封天下，各位反秦的将领都在各自的土地上称王。他们纷纷休兵，让老百姓免于战火，发展生产。但是刘邦却带兵攻打东方的诸侯，夺取别人的土地。他已经取得了关中，得到了本来应该属于自己的土地，还不满足，又带着士兵往东攻打楚国。我看他不吞尽天下的土地是不会善罢甘休的，他竟然如此地贪心不足啊！而且刘邦这个人狡诈多

变，不是一个仁人君子。他好几次都落在了项王的掌控之中，项王可怜他，放了他一次又一次。可是他竟然恬不知耻，项王每放他一次，他就立刻翻脸，背叛盟约，再次攻击项王。现在您虽然自以为和刘邦有着深厚的交情，替他领兵打仗，可一旦项王被打败了，刘邦的下一个目标一定就是您了啊！”

韩信听了武涉的分析，认为他说得很有道理，但是他想到了刘邦对自己的知遇之恩。虽然心里有所动，但还是一句话也不说。

武涉见状，就接着说道：“现在刘邦和项王在广武山对峙，两军相持了几个月，谁也不敢先退出。齐王您一旦出兵就决定着这场战争的胜负啊！如果您帮助刘邦攻打项王，那刘邦就会胜利；如果您领兵帮助项王攻打刘邦，项王就会胜利。不过，如果项王今天灭亡了，刘邦明天就会领兵攻打您的。齐王您本来和项王就有老交情，为什么不和刘邦决裂，然后和楚国结盟呢？您一旦和楚国结盟，刘邦就不敢轻举妄动了。到时候你们三分天下，各自称王，不是很好吗？”

韩信听了他的话，说道：“我当初跟随项王南征北战的时候，官不过郎中，职责不过是拿着长戟保护项王。我的建议项王不采用，我的计谋项王也不理会。我空有一身的本事，却无所事事，所以才离开项王去投靠汉王的啊！汉王和项王大不相同，他封我为大将军，让我带领数万兵马！他把自己的衣服脱下来给我穿，把自己的食物给我吃，我的建议他全部采纳，我的计谋他也认为很好。正是因为这样，我才有了今天的成就。汉王如此信任我，我如果背叛了他，这是多么没仁义啊！到时候我也不会有好结果的。所以我对汉王的忠心是到死也不会改变的！请您替我感谢项王的好意！"

武涉见自己无法说服韩信，便悻悻而去了！武涉走了以后，蒯彻知道天下的大势关键就在韩信。他想利用奇计来说服韩信。蒯彻来到韩信的宫殿中，对韩信说："大王，我家祖上善于相面之术，我也学了一些。大王愿意听我说一说吗？"

韩信说道："先生怎么给人相面呢？"

蒯彻说道："人一生的贵贱都在于骨法，心中的忧喜都在面容，事业的成败都在是否能够果断地处理事务。用这三个方面来给人相面，简直万无一失啊！"

韩信笑着说："先生的相面之术很有道理！请您为我相面如何？"

蒯彻对韩信说："请允许我单独和大王说吧！"

韩信让左右的侍卫都退了下去，对蒯彻说道："现在侍卫们都已经退了下去，就剩下我们两个人了，你可以说了吗？"

蒯彻顿了顿，说道："我相大王的面相，最高不过封侯罢了。但是我看大王的背后，却是贵不可言啊（言外之意，韩信如果背叛刘邦，就会拥有天下）！"

韩信问道："先生为什么这样说呢？"

蒯彻继续说道："当初，天下的英雄起兵反秦，一呼百应。这个时候大家能够齐心协力不过是为了推翻秦朝的暴力统治罢了！秦国已经灭亡了，楚汉之间为了争夺霸权，又引起了战火。战火再起，导致天下无辜的老百姓遍地死伤，父子的尸

131

体都暴露在野地里，简直惨不忍睹啊！项羽从彭城起兵，推翻了秦国，纵横天下。他带着军队北击齐国，西攻刘邦，南灭黥布，转战八方，追逐失败的汉兵，乘着强大的军威席卷天下，威震八方。但是项羽现在被困在京邑、索亭之间，被成皋一带的山区挡住不能西进已经三年了。刘邦率领十万人马，从南郑北上，攻下了关中，占据了巩县、洛阳等有利的地势。但是他凭借着这些山河之险阻和项羽大战，却并没有取得任何成功，一天里打几次仗，竟然不能往前推进半寸，还常常失败，自顾不暇。他在荥阳败给了项羽，在成皋又被项羽射伤，这才出兵逃到了宛、叶之间，这都是形势所逼啊！项羽和刘邦两人在广武山一带对峙，双方都不能取得胜利，这就是说不管是智者，还是勇者都被困住了啊！老百姓们遭受了太久的战火，如今已经是筋疲力尽了。他们是多么渴望战争快点结束，和平早日来临啊！可是，天下大乱，到处都在打仗，他们去投靠谁呢？以我看来，如果不是天下最圣贤的人站出来是不能平息这场战争，让老百姓过上平静的生活的。"

蒯彻顿了顿，接着说道："现在，项羽和刘邦两人的命运就掌握在大王的手里啊！如果大王帮助汉兵，刘邦就会胜利；如果大王帮助楚国，项羽就会胜利。"

韩信认为蒯彻说得很有道理，就问道："那我该怎么办呢？"

蒯彻略作思考，平静地说："我愿意真心实意地对大王效忠，为您想一个最好的办法，但是恐怕大王不会采用我的建议啊！如果大王肯听从我的建议，最好的办法不如两边都不帮，和楚、汉都保持良好的关系，让他们都能存在下去。

大王就可以和项羽、刘邦三分天下了。大王和他们三分天下而居，大家势均力敌，谁也不敢轻举妄动。这样天下就会太平了，老百姓也都希望看到这样的局面啊！以大王的圣贤，拥有强大的军队，占据强大的齐国，率领燕国和赵国的士兵，出兵收复楚国和汉国兵力不足的地方，牵制两国的后方。然后再顺应老百姓的愿望，带兵往西，化解楚汉之争，为老百姓请命！天下的老百姓都会纷纷响应大王的啊！到时候，谁还敢不听从大王呢！请大王仔细地思考我的话啊！"

韩信为难地说道："汉王待我恩重如山！他把自己的车子给我坐，自己的衣服给我穿，自己的食物给我吃。我怎么可以为了利益，背叛汉王对我的恩义呢？"

蒯彻见韩信这样说，就说道："大王自以为效忠汉王，想建立万世的基业，我私下里认为您的这种想法错了。当初，常山王张耳和成安君陈余都还是普通老百姓的时候就是生死之交。后来两个人因为张耳的部下张黡、陈泽战死沙场，就反目成仇了。陈余联合田荣攻打张耳，张耳就背叛了项羽，捧着项婴的人头，投奔了刘邦。刘邦借给他军队跟随大王向东攻打陈余，终于在泜水边杀了他。成安君身首异处，最终被天下人耻笑！这两个人的交情是天下最好的了，但是为什么到后来会相互残杀呢？祸患产生于贪心不足，而且还有人心难测啊！以朋友间的交情来说，大王和刘邦之间的交情比不上张耳和陈余；以君臣之间的忠信来说，大王对刘邦的忠心也不过就是文种和范蠡对勾践一样。请大王再考虑考虑啊！而且我听说：'功高盖主，已经让君主感到威胁的人就会有生命危险；功劳比天下任何一个人都要大的人，就再也得不到封赏。'请让我分析一下大王的功劳吧！"

韩信见蒯彻要分析自己的功劳，忙谦虚地说："先生言重了，我哪里有什么功劳啊！"

蒯彻笑着说："如果说大王无功的话，天下还有谁有功劳呢！大王渡过黄河，平定了西魏，活捉了西魏王魏豹，消灭了代国，俘虏了夏说，又从井陉口出兵，攻下了赵国，诛杀了成安君陈余，招降了燕国，如今又平定了齐国，消灭了楚国龙且的二十万大军。天下还有比这更大的功劳吗？像大王这样的军事奇才，几百年也难得一见啊！现在大王功高盖主，享有无法封赏的功劳。您如果投靠项羽，他肯定不会相信您；您如果投靠刘邦，他会害怕您功高盖主，夺了他的王位。大王，有这样的声望和功绩，您要怎么办呢？您虽然贵为齐王，但仍向刘邦称臣。您身为刘邦的臣子，但是功劳却比刘邦大，这已经威胁到了他的地位啊！我私下里为您的安危担心啊！"

韩信听了蒯彻的分析，心情十分复杂。他一方面想报答刘邦的知遇之恩，一方面又处在功高盖主的地位上，到底该何去何从呢！韩信想了想，始终拿不定主意，于是对蒯彻说："先生请不要再说了，我会考虑这件事情的。"

过了几天，蒯彻又来规劝韩信，但韩信依然犹豫不决，不忍心背叛刘邦。他以为自己功勋卓著，刘邦应该不会夺取自己齐王的王位。于是，韩信辞谢了蒯彻，没有采纳他的建议。

蒯彻见韩信不肯听从自己的建议，就离开了韩信，假装疯了，做了一个巫师。

第五章

成也萧何，败也萧何

- ◆ 中分天下，刘邦背约
- ◆ 垓下之战
- ◆ 衣锦还乡
- ◆ 官贬淮阴侯
- ◆ 命丧长乐宫

中分天下，刘邦背约

　　就在蒯彻劝韩信自立为王，和刘邦、项羽保持三足鼎立的局面之时，刘邦和项羽在广武山又对峙了几个月。项羽想到自己的军旅生涯：二十四岁跟随叔叔项梁在江东起兵，做了副将军；二十七岁做了各路诸侯的上将军，分封天下；如今已经三十岁了。六年的军旅生涯不但枯燥，而且充满了凶险。要知道，从二十四岁到三十岁正是人生中最美丽、最浪漫的季节。这个浪漫的季节正是适合谈情说爱的时候，可是我项羽却把人生中最好的季节都用来打打杀杀了。

　　项羽越想越感到疲惫，他是真的厌倦了打打杀杀的岁月。就在项羽对军旅生涯感到十分厌倦的时候，龙且在与韩信作战中兵败被杀的消息传来了。项羽听到这个消息后，对军旅生涯更加厌倦了。此时，整个楚国中真的再也没有可以为他带兵打仗的人了。项羽感到了前所未有的孤独！

　　刘邦从栎阳回来后，也开始想念自己的父亲和妻子。因为他在栎阳看到自己的儿子刘盈已经长大了，而且还得到了栎阳老百姓的拥戴。哪个做父亲的不愿意看到自己的孩子有所成就呢？刘邦此时此刻多想和父亲、妻子和孩子在一起聚一聚，聊聊太子的成就啊！可是，自从彭城之战开始，到现在已经有三年了。三年当中刘邦的父亲和妻子一直在项羽的营中。三年中，刘邦和父亲太公的唯一见面还是项羽要烹杀太公的时候。这是多么大的讽刺啊！

　　刘邦想："我已经拥有了半个天下了。可是拥有了半个

天下又有什么作用呢？与父亲妻儿不能团聚，我就是拥有整个天下又能怎么样呢？"刘邦越想越思念父亲和妻子了。

第二天，刘邦派陆贾（汉初杰出的思想家）为使者，去向项羽请和。项羽毕竟年轻气盛，他见刘邦向自己请和，战心又起。于是，项羽把陆贾奚落了一通，拒绝了刘邦的请和。

刘邦见项羽没有答应自己的请和，就猜测到项羽肯定是霸王脾气又犯了。不过，刘邦毕竟老谋深算，他立刻又派侯公去劝说项羽与自己中分天下。侯公见到项羽，开门见山地说明了利害关系。他说："大王，中分天下对您是十分有利的。现在汉王的兵力强大，后勤补给充足。大王您的士兵由于多次跟着您往返东西两地，已经十分疲惫了。还有彭越在梁地出没，时常切断您的后勤补给，相信您军中的粮食已经不多了。而且，现在韩信已经平定了齐国，也在东方和楚国开战了。大王军中能和韩信一战的也只有您自己了，但是一旦您往东和韩信大战，汉王必定会从后方追击您。到时候，您东西不能两顾，必定会大败啊！"

项羽见侯公句句都说到了自己的心坎上，但是自己却不能够承认。于是，项羽说："我自从江东起兵至今，大小经历七十余战，从未输过。我料他刘邦也不是我的对手。我想刘邦向我请和，也不过就是要接回自己的父亲和妻子。刘邦一定害怕我不善待太公。当年，我曾和刘邦在楚怀王面前约为兄弟，他的父亲也就是我的父亲，我怎么会不善待太公呢！太公如今年龄大了，我也该让他们父子团聚，享受天伦之乐了。我答应刘邦的请求，明天就派人把太公和刘邦的妻

公元前202年，刘邦带着军队追赶项羽，来到阳夏南面的时候，汉军停了下来。刘邦想联合韩信和彭越共同攻击项羽。

此时，项羽的军队由于两年多的征战，已经十分疲惫了。所以项羽带着军队边走边停，以便士兵们能够沿途休息。项羽认为自己既然和刘邦中分天下了，以后便再也不会有战事了。只要一到彭城，他就要遣散军队，让士兵们都回到家乡和亲人团聚。这天，项羽的军队刚好在固陵（今河南省淮阳县西北）休息，士兵们一个个都充满了期待，似乎日思夜想的家乡就在眼前，他们欢天喜地地互相谈论着自己的家乡。

就在这时，哨兵匆匆忙忙地冲到项羽的营帐中，气喘吁吁地对项羽说："大王，刘邦带领大军往固陵来了。"

项羽闻听刘邦带领大军往固陵来，大惊道："刘邦怎么不遵守约定呢！难道我项羽注定要一生戎马？"说完，项羽下令马上集合部队。士兵们听到集合的命令，都感到莫名其妙。他们想："项王和刘邦不是已经中分天下了吗？怎么还要集合部队？又要和谁打仗？"

士兵们边猜疑边集合起来。项羽全身披带盔甲，站到阵前，对着士兵们大声道："我们在广武已与刘邦约定，以鸿沟为界，中分天下。现在刘邦背约，偷偷地从我们背后

139

追来了。我们该怎么办？"

项羽的几句话立刻把士兵们的斗志调动了起来。士兵们举起手中的武器，齐声答道："刘邦背约，定要他有来无回，死无葬身之地！"楚兵们此刻的心情极其激动，只要项羽站到阵前，振臂一呼，他们定会置生死于度外，跟随项羽去拼命的。况且，刘邦背约，从背后追赶而来，这让他们回到家乡的梦想又一次破灭了。他们如何能不恨刘邦呢！所以每一个楚兵都想把刘邦碎尸万段。

刘邦赶到固陵，远远地看见项羽已经带着士兵们摆开了阵势，心下大惊。他想："项羽是怎么知道我要从背后偷袭的呢？"项羽见刘邦的军队越来越近，就纵马跑到他的阵前，对着刘邦大喊道："刘邦，我们已经约定，以鸿沟为界，中分天下了。你为什么背约来偷袭我？"

刘邦嬉皮笑脸地回答道："成大事者不拘小节。我刘邦为了夺取天下，岂会在乎和你这个小子的约定？"

◎鸿沟：中国历史上最早沟通黄河和淮河的人工运河。修建于公元前360年，一直到魏晋南北朝时，它都是连通黄河和淮河的重要水路之一。因刘邦和项羽曾以此为界，中分天下，所以今天人们常用鸿沟一词表示思想的分歧等。

项羽大怒道："那我就让你有来无回，死无葬身之地。"

刘邦哈哈大笑道："我会有来无回吗？项羽，你的末日已经到了。"

项羽闻听，大笑起来。他对着刘邦高喊道："刘邦，看

是我的末日到了，还是你的末日到了！"说完，就挥军向刘邦的阵中掩杀过去。楚军有项羽亲自指挥，个个都以一当十，向汉兵冲杀过去。汉兵早已领略过项羽军队的厉害。他们见项羽带兵冲杀过来，便纷纷抛下武器，回头逃去。

项羽指挥军队一路掩杀，一直赶到刘邦的军营前。刘邦带着军队逃入阳夏城中，紧闭城门不敢出来。项羽见刘邦逃走，以为他再也不敢追击自己，就又带着士兵往彭城进发了。

垓下之战

刘邦逃到阳夏的营中，垂头丧气地对张良说："项羽依然英勇，我恐怕不是他的对手啊！"张良见刘邦垂头丧气的样子，就说："大王不必灰心，胜败乃兵家常事！我认为只要韩信和彭越出兵围攻项羽，他必定大败。大王如果在打败项羽以后，能和他们共分天下，他们就会立刻带兵来帮助大王的啊！"

刘邦见张良说得有道理，就问他："那我应该怎么办呢？"

张良接着说："如果大王能够把陈（今河南省淮阳县，因春秋之时此地为陈国，故名陈）以东一直到东海的广大土地都封给韩信，把睢阳（今河南省商丘市睢阳区）以北一直到谷城（今山东省平阴县西南）的领土都封给彭越，让他们为了自己的土地和项羽作战。那么，我们打败项羽就会容易多了。"

刘邦想了一下，就对张良说："好。"说完，刘邦立刻派使者去见韩信和彭越。使者把刘邦要封地的事情告诉了他们，韩信和彭越听到后大喜，立刻告诉使者说："你回去吧，告诉汉王，我们一定会带兵出战，为了自己的领土和项羽大战。"

> ◎彭越（前？—前196）：昌邑人（今山东巨野县附近），楚汉战争时汉军著名将领，西汉开国功臣，官拜魏相国，又被封为梁王。与韩信、黥布并称汉初三大名将，后因被告发谋反，为刘邦所杀。

使者回到军营，把韩信和彭越答应出兵的消息告诉了刘邦。刘邦大喜。不过，刘邦还是担心韩信、彭越再加上自己的军队也不是项羽的对手。他立刻派使者去见大司马周殷。此时，周殷也已经背叛了项羽，领兵驻守在舒（今安徽省庐江县西）。周殷接到刘邦的命令，立刻带着军队从舒出发，攻打六县去了。周殷攻下六县后，立刻合并了九江王的军队，往彭城南边的垓下进发了。

此时，韩信也带着军队从齐国往垓下进军了。彭越和刘贾带着军队从寿春出发，一路攻打下城父（今安徽亳县东南），也往垓下进发。刘邦见几路诸侯都已进兵垓下，自己也带着大军出发了。

此时，项羽已经带着军队回到了彭城，驻军彭城南边的垓下。他见刘邦领着各路诸侯往垓下进军，也已经做好了战斗的准备。决战的时刻即将来临，项羽显得异常平静，他已经厌倦了这种生活，暗下决心：垓下大战之后，一定要尽诛

诸侯，然后就遣散军队，和爱妻虞姬过逍遥自在的日子。自从虞姬在下邳跟随自己到现在，虽然随军左右，但是自己总是在战场上拼杀，一直冷落了她。想到这些，项羽更加内疚起来。所谓"自古英雄爱美人"，项羽这个大英雄自然也不能例外。直到厌倦了战争，他才发现自己有多爱虞姬，有多么想和虞姬一起享受爱情的甜美。

刘邦、韩信、彭越和周殷等人带兵到达了垓下。刘邦任命韩信为诸侯联军的统帅，负责指挥军队和项羽作战。此时，诸侯联军的兵力有五六十万人。韩信把众位将领召集在一起，部署道："我自己带三十万人作为先锋部队，与项羽正面作战。大将孔将军和费将军带兵分别在项羽的左右埋伏。请大王带兵在韩信之后列阵。绛侯、柴将军等带兵在大王的后面保卫大王。"部署已定，韩信隐隐感到项羽的末日到了，想到自己毕竟曾经跟随项羽南征北战，如今他就要兵败了，心里无比惆怅！

经过多年的战争，项羽的兵力仅剩下十万人了。项羽带着十万人和韩信的三十万大军对峙着。项羽骑着马站在阵前，大声问道："刘邦、韩信等人率领五六十万大军来和我们作战，你们怕不怕？"楚军阵中异口同声的声音回答道："区区五六十万军队有什么可怕？彭城之战中，我们三万铁骑就可以摧毁刘邦五十六万大军，何况我们现在有十万人！"楚军的喊声直冲云霄，在垓下的上空回荡着。

韩信听到楚军的呼喊声，一阵胆寒。他暗想："这到底是一只什么样的军队啊！十万人对阵我们五六十万大军，还能发出如此的豪言壮语！"韩信站在联军阵前，指着项羽的

军队，发出了简短的命令："进攻！"

联军的三十万士兵立刻举起武器，向着项羽的阵中冲去。立刻，尘土在联军的后面飞起，弥漫了天空。项羽见韩信发起了进攻，也立刻发出了简短的命令："迎战！"项羽的十万人立刻挥舞起手中的武器，跃跃欲试。他们齐步向韩信的军队迎去。他们的脚步是如此整齐，把山峰都震得摇动起来了，把大地都震得颤抖起来了。

两军终于接触了。在尘土飞扬的阵中，刀光在闪，剑影在动。渐渐地，地上变得泥泞起来了。士兵们的鲜血把土地染红了，也湿润了。已经湿润的大地不再有尘土扬起，弥漫空中的灰尘也慢慢消失了。

只见大地上横七竖八地躺着联军和楚军的尸体，多得已经堆叠成山。两军的士兵就在这些尸体堆成的山上继续战斗着。刀光剑影中，不时发出一声声惨叫，也不时有新的士兵倒下。

韩信见自己的三十万大军并不能战胜项羽的十万人马，赶紧下令撤退。项羽见联军撤退，就指挥军队掩杀过去。就在楚军们跟着项羽疯狂掩杀联军时，忽然，孔将军和费将军领兵从他们的左右冲出。楚军们没有想到韩信在左右埋伏了士兵，阵脚大乱起来。韩信见孔将军和费将军已领兵而出，又回头和项羽的楚军大战起来。

楚军和三路联军拼杀，渐渐不敌。项羽见状，急忙下令撤军，退回了军营。

项羽退回军营以后，闷闷不乐。他想："难道上天要亡我吗？"

刘邦见韩信大败项羽，心里十分高兴。他把韩信、张良等叫到营帐中，说："将军真是我的福将啊！眼下楚军已经退回军营，我们要怎么样才能彻底消灭他们呢？"

韩信说："大王，自从我们进入楚国，已经招收了不少楚国的士兵。如果我们令这些士兵教会全军唱楚国的民歌，要他们在深夜的时候在项羽军队的四周唱这些歌曲，项羽的士兵一定会思念故乡的，项羽也会以为我们已经占领了整个楚国。到时候，我们就可以不战而胜了。"

刘邦听到韩信的建议，大喜道："大将军真是足智多谋啊！这算得上十面埋伏、四面楚歌了啊！"韩信不答。因为他的心里在想着项羽，一种深深的同情和英雄间的惺惺相惜之情占据了他的整个身心。刘邦采纳自己的计策，项羽一定会兵败的，那么如何面对这位自己曾经的将军呢？

第二天，刘邦就派楚地的士兵去教全军唱楚国的民歌。很快，全军的士兵都学会了。深夜，韩信派这些士兵到项羽营地的四周唱起歌来。

项羽的士兵听到家乡的歌曲，都开始思念家乡了。自从江东起兵反秦以来，四年的时间过去了。四年里，他们一直跟着项羽南征北战，一刻也没有停止过。家乡的亲人都怎么样了呢？他们还好吗？想着想着，很多士兵暗暗抽泣起来了。楚军的将领们也都听到了歌声，他们的心里也都十分悲伤。不过，此时还不是悲伤的时候，刘邦的联军就在营外等着他们呢！

项羽也在睡梦中听到了歌声。他大惊道："刘邦已经占领了楚国全境了吗？为什么这么多的楚人唱着这么悲伤

的歌呢？”

说着，他起身端起酒杯，一饮而尽。接着走出营帐，看到很多士兵都在偷偷饮泣，心里就像刀割一样难受。这些士兵早该回到故乡和自己的亲人团聚了。就是因为他和刘邦两人的混战，导致这么多的人要跟着自己南征北战，漂泊在外。

想着想着，项羽仿佛看到了自己的失败，他走回营帐继续喝起酒来。正在项羽愁眉不展的时候，他的爱妻虞姬来到了营帐中。虞姬见到项羽，迎上去说："大王回营了。"项羽见到虞姬，更加难过起来。他端起酒杯，轻轻哼唱道："力拔山兮气盖世，时不利兮骓不逝。骓不逝兮可奈何，虞兮虞兮奈若何！"骓是项羽坐骑的名字。多年来，项羽骑着它南征北战，经历七十余战从未失败过。但是在垓下，它就是跑得再快，也不能带着项羽走向胜利了。

虞姬听着项羽的哼唱，心里也难过起来了。她轻轻和道："汉兵已掠地，四面楚歌声。君王意气尽，贱妾何聊生？"

唱着唱着，项羽和虞姬都伤心得落下了眼泪。帐下的士兵听到项羽和虞姬的歌声，也都更加悲伤起来。这是项羽一生中的第二次哭泣。第一次哭泣是他降生的时候。而这第二次哭泣就成为他自己的挽歌！

忽然，虞姬抽出项羽腰间的宝剑，架在自己的脖子上，对项羽说："大王，贱妾不愿成为您的累赘，请您带着士兵们冲出去吧！"说着，虞姬轻轻一抹，鲜血就从她粉嫩的脖子上渗了出来。鲜红的血，顺着她的脖子，慢慢地流，一直

流到她雪一样白的衣衫上。在鲜血的映衬下，虞姬就像一朵盛开的玫瑰花一样，美得让人心痛！

项羽见虞姬自刎而死，心里非常悲痛。他想："我项羽一生南征北战，不料今日要身死垓下了！"想着，项羽忽然捡起落在地上的宝剑，向虞姬的脖子抹去。项羽割下虞姬的人头，往自己的腰间一挂，就走出了营帐。

这时，天已快亮了。项羽召集了士兵，对他们说："我项羽今日就要兵败垓下了。我带着大家从江东起兵，四年里南征北战，历尽艰辛，不想大事未成，我就要身死此地了。你们有愿意跟着我拼死一战的，就跟着我去和刘邦大战最后一场，然后痛痛快快地死去。如果你们想回家，我也不勉强你们。想回家的，现在就放下武器，去向刘邦投降吧！"

士兵们见项羽双眼布满血丝，头发蓬乱，腰间还挂着爱妻虞姬的人头，都热血沸腾起来，他们大声回答道："愿随大王与刘邦战最后一场！然后痛痛快快地死去！"

果然如士兵们的回答一样，经过几天几夜的战斗，项羽的身边只剩下二十八名骑兵了，其他人都痛痛快快地死去了。项羽带着二十八名骑兵逃到了乌江（今安徽省和县东）边上。这时，刘邦的军队也追到了乌江边上。项羽见状，仰天长叹道："天亡我也！"说着，项羽拔出腰间的宝剑，自刎而死了！

项羽自杀于乌江边上的消息很快传遍了楚国。楚国的军民听说项羽已死，也都无心再和刘邦对阵了。他们绝望地放下手中的武器，投降了刘邦。此时，唯有鲁地（今山东省西南）的军民不相信神一般的项羽会死去，他们坚守着城池，仍等待着项羽的到来。

刘邦带着大军来到鲁地，想一举攻下城池。但是他看见鲁地的军民十分敬仰项羽，都打算为项羽坚守城池到底，心里十分感动。于是，刘邦派人把项羽的人头放在城下要鲁地军民辨认。鲁地的军民见到项羽的人头，再也没有办法不相信他们的大王已经死去了。鲁地的父老乡亲们纷纷打开城门，涌向项羽的尸身，痛哭起来。

至此，刘邦统一了全国，长达四年之久的楚汉之争结束了。刘邦也感到了一种前所未有的寂寞。他忽然发现，自己心里其实是尊重项羽的。因为楚怀王曾封项羽为鲁公，项羽死后，鲁地又是最后一个投降的，所以刘邦就按照鲁公的礼仪把项羽安葬在了谷城。刘邦亲自为项羽发丧，并在他的坟前痛哭了一场才离去。当刘邦为项羽痛哭的时候，他的心里到底想了些什么，至今不为人所知！

此时有一个人比刘邦更加伤心，更加寂寞，他就是韩信。韩信在项羽的帐下虽然没有受到重用，但是他依然敬佩这位顶天立地的男子汉。

现在项羽兵败自杀了，而且还是自己带兵和他正面作战，破了他的十万大军，也是自己献了十面埋伏、四面楚歌的计谋，逼迫他自杀的。想到这些，韩信痛苦得几乎无法呼吸。而且现在刘邦已经统一了天下，以后再也没有仗可打了。走下了战场，韩信还是韩信吗？刘邦会怎么对待他这个立下了盖世功劳的大将军呢？

衣锦还乡

项羽兵败垓下，在乌江边上自杀身亡了。天下已定，刘邦担心韩信手握重兵会威胁到自己的统治，便迅速夺取了韩信的兵权。公元前201年正月，刘邦下令："齐王韩信本是楚国人，我现在改封他为楚王，统治原来的楚国。定都下邳（今江苏邳县东）。"随后，刘邦仿照秦国，在全国设立郡县，登基称帝，建立了西汉王朝。

韩信得到改封的命令，虽然无奈，但是依然带着自己的亲信回到楚国衣锦还乡了。韩信赴任之后，立刻派人把曾经给自己送饭的老婆婆找来。韩信对老婆婆说："您还认识我吗？"

老婆婆看了看韩信，平静地说道："当年淮阴城下钓鱼的公子，老妇怎么会忘记呢！"老婆婆之所以这样是不愿意当众说出韩信当年不能自立的窘境。

韩信倒是满不在乎自己的过去，他说道："多亏老婆婆当年给我送饭啊，不然我早已饿死了。我要好好感谢老婆婆的大恩啊！"说着韩信就让人送给老婆婆一千两黄金，以表达自己的谢意。

老婆婆说道："大王，我当年送饭给您，并没有想得到您的报答，您还是把黄金收起来吧！"

韩信见老婆婆不愿接受自己的感谢，就说道："老婆婆，我并不是感谢您给我送饭，而是感谢您有一颗善良的心啊！"老婆婆见韩信这样说，就拿着韩信送给她的一千两黄金高高兴兴地回家去了。

当年的南昌亭长听说这件事情以后，十分高兴。他回到家里对妻子说："楚王当年落魄的时候，曾经来家里吃饭。虽然你后来没有好好对待他，我们也总算对他有恩啊！他赐给那个给他送饭的老婆婆一千两黄金，也应该赐给我们一千两黄金啊！"

亭长的妻子说道："当初我们虽然有恩于他，但是也曾经冷落了他。现在他已经是楚王了，如果他怪罪下来，我们恐怕连命都没有了！你还想着一千两黄金呢！"亭长听了妻子的话，心里十分害怕，整天呆在家里不敢出门。

韩信听说了这件事情，就笑着说："这两个人也不是坏人啊！"于是，韩信派人去把南昌亭长找来，对他说："你不过是一个小人罢了，做善事不能善始善终。我也不怪你当初冷落了我，你也不必害怕了。"说着，韩信送给了他一百个铜钱。

南昌亭长见韩

信并没有怪罪自己，忙千恩万谢地退了出去。这时韩信想起了曾经要自己受胯下之辱的杀猪少年，立刻派人去找当年的少年。士兵们找到当年的少年，发现他已经长成一个身材魁梧的壮士。壮士见韩信的士兵来找自己，十分惊恐。他当然不会忘记自己曾经侮辱过韩信，如今韩信已经贵为楚王了，如果他要杀自己，那简直易如反掌啊！

壮士忐忑不安地跟着士兵来到了韩信的大殿。他见韩信高高地坐在王位上，心里更加害怕了。这时，韩信看见壮士跟着士兵们走进来，也认出了他就是当年羞辱过自己的杀猪少年。韩信走下高高的王位，迎上前去，握住壮士的手，对身边的人说："这个人是真正的壮士！当年他曾经当众羞辱过我！"

壮士一听韩信提到当年的事情，心想自己的性命肯定不保了，也就坦然地说道："我当年羞辱的是少年韩信，而不是楚王韩信啊！"

韩信笑着说："难道当时我不能杀你吗？不过因为杀你也无名罢了！我正因为受了你的羞辱才默默努力，终于有了今天。我要感谢你啊！"说着，韩信封了壮士为楚军中尉。

壮士本以为自己必死无疑，却见韩信不但没有杀自己，还封自己为楚军中尉，大惊道："多谢大王不杀之恩，我一定努力为大王效力！"

韩信宽容对待曾经羞辱过自己的人的美名很快在楚国传开了，老百姓纷纷称赞韩信的大仁大义！

经过一年多的时间，韩信在楚国的威名越来越大，刘邦对此感到十分不安，他始终担心韩信等异姓诸侯会威胁到自己的统治。刘邦在洛阳绞尽脑汁想除掉韩信等人。蒯彻的话应验了。刘邦身边的一些人了解他的心思，就想帮助刘邦除掉韩信，借机升官发财。

公元前201年的一天，一个人来到刘邦的宫殿，悄悄对他说："皇上，韩信要谋反。"

刘邦本想找机会除掉韩信，但是苦于没有借口，一见有人来告韩信谋反，心里大喜，但他还是装作若无其事的样子说："韩信贵为楚王，你不要胡说八道啊！"

这人跟随刘邦多年，深知刘邦的为人，他知道刘邦不过是在演戏，就接着说道："皇上，臣有真凭实据才敢说韩信谋反的。"

刘邦假装不信的样子，说道："楚王是我大汉的功臣，怎么会谋反呢？我想是你搞错了。你倒说说看，你有什么真凭实据啊？"

这人听了刘邦的话，一边在心里暗骂刘邦老奸巨猾，一边说道："皇上，项羽的部将钟离昧是伊庐（今湖北襄阳县西南）人，他和韩信的交情非常好。项羽兵败垓下以后，钟离昧就投靠了韩信。"

刘邦听到钟离昧投靠了韩信，心里十分气愤。钟离昧是项羽属下的一员大将，他曾多次带兵和刘邦对阵。刘邦在荥阳混战的时候就吃过钟离昧的亏，所以他十分痛恨钟离昧。不久前，刘邦听说钟离昧逃到了楚国，勃然大怒，下令韩信全力缉拿钟离昧。当时钟离昧就藏在韩信的宫殿中，韩信假装不知，派人告诉刘邦说："钟离昧已经逃走了，臣没有抓到他。"刘邦无奈，这件事也就不了了之了。

今天，刘邦突然听说钟离昧就藏在韩信的宫殿中，便大怒道："这个韩信竟然敢欺骗我！看我怎么收拾他！"刘邦说完，又对告密的人说："你倒是很注意钟离昧和韩信啊！"

告密的人神秘今今地说道："皇上，韩信用兵如神，号称'兵仙'，这可是您的心腹大患啊！皇上的心腹大患，臣怎敢不用心观察呢？这个钟离昧多次和皇上对阵，皇上对他恨之入骨，他是皇上的敌人啊！皇上的敌人就是我的敌人。"

刘邦见告密者的马屁拍得叮当响，就点头道："你小子有前途，将来我一定重用你！不过，单凭这件事情还不能说明韩信有谋反之心啊！你还有什么证据啊？"

告密者接着说："皇上，韩信在楚国出入郡县的时候，总是有成队的士兵在左右保护。他行事非常张扬，简直比皇上的派头还要大！如果他没有谋反之心，为什么要带着那么多士兵出入呢？"

刘邦点头道："你说得很有道理，既然韩信敢随意调动军队，我也就有理由认为他谋反了。不过，我看这件事情要做得光明磊落也不容易。不如你回去写一封检举信递给我，我也好有物证啊！"告密者见刘邦要收拾韩信了，自己升官发财的机会也到了，就高高兴兴地回到家里，连夜写了一封检举信，在第二天早朝上递给了刘邦。

刘邦拿到告密者的检举信，假装生气地说："楚王乃是我大汉王朝的开国功臣，他怎么会谋反呢！你一定是搞错了。"虽然嘴上这样说，但是他已经暗暗在心里谋划着如何

对付韩信了。这时，张良因为担心刘邦取得天下以后，会对身边的开国功臣不利，就装病在家，不再见刘邦了。刘邦每每遇到头疼的事情，总喜欢把陈平找来，给自己出主意。

晚上，刘邦把陈平叫到内室，对他说："今天早朝的时候，有人给我递上来一封检举信，揭发韩信要谋反。我该怎么办呢？"

陈平十分清楚，韩信根本不会有谋反之心。如果韩信要谋反，早在刘邦和项羽对峙的时候，就不会领兵帮助刘邦在垓下大败项羽。但是陈平也知道韩信始终是刘邦的眼中钉。因为韩信用兵如神，随便征召一些士兵就能训练成一支常胜之师。如果韩信哪天真的要谋反，那么刘邦是无论如何也不能打败他的。而且现在天下太平了，刘邦已经称帝，他不再需要像韩信这样能征善战的大将军了。所以刘邦一定会在韩信还没有谋反之心的时候，找借口杀了他。

想到这里，陈平惊出一身冷汗。他想到以后刘邦会不会这样对待自己呢！为了自保，陈平建议道："皇上，韩信知道有人给您递检举信，告他谋反吗？"

刘邦摇了摇头说："韩信自然不知道。"

陈平又接着问："那大王打算如何处置这件事情呢？"

刘邦想了想，说道："我本想领兵东进，把韩信和他的亲信一网打尽，但是……"

陈平笑了笑，说道："皇上是担心您的部队不是韩信的对手？"

刘邦点了点头，说道："韩信号称'兵仙'，用兵如神。他随便纠集一帮乌合之众，稍加训练就是一支常胜之师

啊！如果贸然发兵，我断然不是他的对手啊！到时候说不定他会把我打败，自己称帝，把我封到一个偏僻的地方去做个小诸侯的。他甚至会杀了我的。"

陈平笑道："皇上多虑了。韩信为人一向多情重诺，他不会背叛皇上，也不会打败您，把您分封到一个偏僻之地做小诸侯的。问题是，他韩信号称'兵仙'，用兵如神，对皇上始终是一个威胁啊！"

刘邦见陈平说出了自己的真实想法，就笑道："还是你陈平了解我啊！"

陈平又说道："现在皇上的士兵比不上韩信的英勇，皇上用兵不如韩信精通。你们一旦开战，我真替皇上担心啊！"

刘邦也为难地说道："那我该怎么办呢？韩信不除，我的心里实在不安啊！"

陈平想了想，便对刘邦说道："要想捉拿韩信，不能力敌，只能智取。"

刘邦又问道："那我如何才能智取呢？"

陈平见刘邦焦急的样子，心里暗暗发笑。不过，他马上一本正经地对刘邦说道："皇上贵为天子，可以在自己的土地上做任何事情！古时候，天子有巡守四方的做法。皇上为什么不学古人，也去巡守四方呢？"

刘邦大悟道："你是要我趁着巡守四方的机会，大会诸侯，然后在宴会上把韩信拿下？"

陈平微笑着，一句话也不说。刘邦见状，就笑道："果然是个好计策啊！项羽逞匹夫之勇，一人可敌上千人，所以

我要率大军才能打败他！韩信善于用兵，但没有项羽的英勇。只要他身边没有军队，我用一个勇士就可以擒住他了。"

刘邦和陈平商议已定，第二天就派使者到各诸侯国去告诉各位诸侯说："皇上要巡守四方，游历云梦（即今江汉平原，先秦时期这里是楚国贵族围猎的地方），请各位大王在陈会合。"云梦和陈在楚国的西边边境上。刘邦假装游历云梦，实际上是要借机把韩信抓起来。

各诸侯得知刘邦要巡守四方，游历云梦，都十分惊讶。因为建国伊始，百废待兴，刘邦不在国都洛阳治理国家，为什么要游历云梦呢？他哪里有这么多的时间呢？但是既然刘邦要游历云梦，他们也没有办法，只好按照君臣之礼，准备到陈去迎接刘邦。

官贬淮阴侯

韩信得知刘邦要游历云梦，在陈大会诸侯，也十分惊讶。他想道："云梦是陈的一个地方。陈在楚国的边境。建国伊始，百废待兴，皇上不在洛阳治理国家，跑到陈来大会诸侯，难不成是冲着我来的？但是我韩信一向忠心耿耿，没有做对不起皇上的事情，他为什么要设计捉拿我呢？"

韩信越想越糊涂。正在这个时候，有人来求见韩信。韩信忙把那人迎入了宫殿。那人见韩信愁眉不展，就问道："大王为何愁眉不展？是不是因为皇上游历云梦，在陈大会

156

诸侯的事情？"

韩信点头道："我正为这件事情烦恼呢！建国伊始，百废待兴，皇上不在洛阳治理国家，发展生产，忽然要游历云梦，在陈大会诸侯。陈在我楚国的西边边境上。皇上此举分明是冲着我来的啊！"

那人也说道："我也是这样想的。莫非是朝中有小人向皇上进谗，诬陷大王？"

韩信道："我对皇上一向忠心耿耿，赤胆忠心，日月可鉴。皇上怎么会听信小人的谗言来设计捉拿我呢？"

那人笑了笑说："大王，所谓'狡兔死，走狗烹；飞鸟尽，良弓藏；敌国破，谋臣亡'。现在大王已经替皇上扫平了天下，稳定了四方。皇上见大王用兵如神，号称'兵仙'。他是担心大王对他的帝位有威胁啊！所以不管大王有没有过错，皇上都一定会找借口把大王杀了的！"

韩信见他这样说，低头想了想，就接着说道："我领兵帮皇上平定了天下，功勋卓著，他怎么会借机杀我呢？你多虑了！"

那人见韩信并不相信自己，就接着说道："如今皇上最担心的就是你们七个异姓诸侯啊！皇上在二月登基称帝，分封了七个异姓诸侯。七月，燕王臧荼就起兵反抗皇上。皇上急忙派兵镇压，足足用了九个月的时间才平定了燕地啊！臧荼兵微将寡，也没有什么能力，皇上平定他尚且用了九个月的时间，如果其他诸侯起兵反抗，那他要用多少时间啊！如果大王起兵呢？以大王用兵如神的能力，稳居七大诸侯之首，如果大王起兵，皇上是您的对手吗？我想皇上一定不是

您的对手。因此皇上很担心您起兵反抗他，夺了他的帝位啊！所以，不管如何，皇上都会找借口抓住大王，把大王杀了啊！请大王慎重啊！"

韩信知道他分析得很有道理，就问道："那我该怎么办呢？"

那人道："大王与其等着皇上设计来捉您，不如起兵，一举攻破皇上的大军，自己登基称帝，然后再逐步削弱其他诸侯的实力，稳固四方。"

韩信见他这样说，惊出一身冷汗，忙说道："这话说不得啊！这可是要诛灭九族的大罪啊！"

那人见韩信没有起兵的心思，又说道："大王，危险就在眼前啊！如果您犹豫不决，皇上就会把您抓住啊！到时候什么都晚了！"

韩信的心里矛盾极了。他想到了很多很多，他想到了自己少年时衣食无着的窘境；他想到了自己在项羽帐下的默默无闻；他想到了刘邦对自己的知遇之恩。想到这些，韩信更加不忍心起兵反抗刘邦了。如果没有刘邦，会有我韩信的今天吗？

韩信沉思了半天，叹着气说道："请你不要再说了。皇上对我有知遇之恩，我实在不忍心起兵，和他兵戎相见啊！而且自从投靠皇上以来，我一直对他忠心耿耿，为他出生入死，打下了半壁江山。我想皇上不会不念及这些，就听信小人的谗言，设计捉拿我的！"

那人见韩信始终不肯起兵反抗刘邦，就焦急地说："大王糊涂啊！您一生聪明，料敌如神，怎么就看不透皇上的心

思呢？请大王慎重考虑啊！这件事情已经迫在眉睫了！"

韩信无力地挥了挥手，示意那人下去，自己则呆呆地坐在椅子上，一句话也不说。

夜里，韩信辗转反侧，左右为难，不知该如何处理这件事情。第二天一早，韩信一个人静静地坐在宫殿里发呆。一个比较聪明的部下见韩信愁眉不展，就走上来问："大王为何连日来愁眉不展啊？难道是为了皇上要游历云梦，在陈大会诸侯的事情吗？"

韩信点了点头，看着他问道："你有什么好办法吗？"

部下说道："大王为何不起兵？大王一旦起兵，皇上自然不是您的对手。到时候，何不杀了他，自己登基称帝？"

韩信见又有人向自己建议起兵，就说道："我是断然不会起兵反抗皇上的，皇上对我韩信有知遇之恩啊！如果我起兵，皇上肯定不是我的对手，但是我就会落下个不仁不义的骂名啊！"

部下急忙说道："大王啊，所谓'成王败寇'。一旦您登基称帝了，只要善待天下的百姓，他们谁还会骂您呢？"

韩信叹了口气，说道："请别说了，我是不会起兵的。你还有什么办法吗？"

部下见韩信不愿起兵，又说道："大王，臣还有一计。皇上肯定是听了小人的谗言，说钟离昧在大王的宫中，才认定您要谋反的。钟离昧多次带兵和皇上对阵，皇上深恨此人。如果大王把钟离昧杀了，把他的人头献给皇上，皇上一高兴，说不定就没事了。"

韩信说道："钟离昧在项王兵败自杀以后，就投靠了

韓信
HAN XIN

我。他把我当朋友，我如果杀了他，是不义啊！”

部下说道：“大王啊，如果您起兵反抗皇上，就是不忠；如果您杀了钟离昧，就是不义。所谓‘忠义不能两全’，请大王仔细权衡，做出选择吧！”

韩信仰天长叹道：“我宁愿不义，也不能不忠啊！钟离昧和我是朋友，他肯定会成全我的。我只有对不起朋友了。”

部下见韩信下定决心要杀钟离昧，就说道：“大王，杀了钟离昧可以保住暂时的平安，但是也不是长久之计啊！不如起兵。”

韩信看了看部下说道：“请你不要再提起兵的事情了，我无论如何也不会起兵反对皇上的。”部下见韩信心意已决，就退了下去。

晚上，韩信来到钟离昧的房间。两人是多年的朋友，根本不用多说什么，就能了解彼此的心思。钟离昧见韩信愁眉不展的样子，就说道：“大王为何愁眉不展？是不是因为刘邦要游历云梦，在陈大会诸侯？大王今天晚上到我这里来，我想我的性命到头了。如果不是大王，我早被刘邦抓到了。我的这条命是大王救的。大王今天若想用我的性命换来暂时的平安，我就成全您。”

韩信握着钟离昧的手说：“好兄弟！当年我和你一起在项王的帐下当兵，亲如兄弟，情同手足。我杀你不义啊！但是刘邦对我有知遇之恩，如果我起兵反抗刘邦，就是不忠啊！所以我也左右为难啊！”

钟离昧见韩信真情流露，也哽咽着说：“大王，我临

160

死之前，还想给您一个忠告啊。大王用兵如神，号称'兵仙'，而我钟离昧曾经在项王的帐下领兵，对兵法也略知一二，只要我为大王死战，刘邦也没有必胜的把握。刘邦之所以不敢大张旗鼓地领兵来进攻大王，是因为他没有必胜的把握，担心被大王打败，失去帝位。大王如果把我杀了，把我的人头献给刘邦，会得到暂时的平安。但是我今天死了，大王的死期也就不远了啊！"

韩信听了钟离昧的话，心中若有所思。他对钟离昧说道："兄弟，你别怪我，我也是被逼无奈啊！"

钟离昧见韩信坚持要杀自己，不愿起兵反抗刘邦，就骂道："你不是一个忠厚的人啊！枉我钟离昧和你相知一场！"说着，钟离昧回身从墙上取下宝剑，缓缓把剑从剑鞘中抽出，往脖子上一抹，就倒了下去。

韩信见状，万分滋味一起涌上心头，他垂泪说道："兄弟，你别怪我啊！形势所逼，我也无奈啊！你一死，我的死期也就不远了。请兄弟在九泉之下等我！"

说着，韩信割下钟离昧的人头，用一块布裹了，挂在腰间回到了宫殿。韩信回到宫中，立刻令人牵来一匹快马，自己骑着快马，带着几个侍从，往陈飞奔而去。

这时，刘邦已经带着陈平等人来到了云梦，各路诸侯也带着随从到了云梦来参见刘邦。刘邦见各路诸侯都到齐了，就差韩信一个，心里暗惊道："韩信不会在准备起兵的事情吧！如果他要起兵，我可怎么办呢？"

正在刘邦心中犯嘀咕的时候，士兵来报说："皇上，楚王带着几个随从骑快马往这里来了。"

刘邦听说韩信只带着几个随从就来了，心里大喜，忙道："快把楚王请进来，我要和他好好叙叙旧。"士兵得到命令，忙出去等候韩信了。

　　韩信到了刘邦的离宫，翻身下马，对卫士们说："请通报皇上，韩信求见！"士兵们忙说道："大王，皇上已经令我们在这里等候您多时了。请大王跟随我等去见皇上吧！"

　　韩信跟着士兵们来到了刘邦会见诸侯的大厅。刘邦高高地坐在中间的椅子上，看见韩信走进来，忙假惺惺地走下来，迎上去说："楚王一路奔波，辛苦了！"

　　韩信忙跪在地上，低头说道："皇上，韩信见驾来迟，请大王恕罪！"接着，韩信从腰间取出包裹，双手擎起来，对刘邦说："皇上，臣知道钟离昧多次带兵和您对阵，实在是罪该万死！前些日子，皇上要臣捉拿此人，奈何让他跑了。这次臣亲自带人，总算杀了钟离昧。钟离昧的人头在此，请皇上过目！"

　　刘邦本来还担心韩信只带着几个随从来见自己不过是诱饵。韩信可能已经要钟离昧在楚国边境上布置了重兵等着自己。他见韩信已经杀了钟离昧，就放心了，顿时换了一个口气说道："韩信，你好大的胆子，竟然串通项羽的余党，准备谋反！我已经接到大臣的检举信，说你违抗我的命令，不但不抓钟离昧，还把他藏在家里。出入郡县的时候，你竟然带着成队的士兵，比我的派头还大，这难道不是要谋反吗？"

　　韩信见刘邦不但没有感谢自己杀了钟离昧，还诬陷自己要谋反，心里十分委屈。他想到了部下和钟离昧对自己的忠

韩 信
HAN XIN

告，可是这个时候已经晚了。韩信慢慢地站起来，对刘邦说："果然是'狡兔死，走狗烹；飞鸟尽，良弓藏；敌国破，谋臣亡'啊！现在天下已经平定了，也该是烹杀我的时候了。"

刘邦立刻吩咐属下的武士把韩信捆绑起来。刘邦见韩信已被擒，游历云梦的任务也就完成了。他下令道："马上准备回洛阳。"韩信被刘邦五花大绑，锁在囚车里，一起往洛阳而去。

到了洛阳，刘邦大声质问韩信道："有人告诉我说你要谋反！这件事情是真的吗？"

韩信冷冷地笑了一下，说道："皇上，臣要谋反为何要杀钟离昧，只带着几个侍从就到云梦去觐见您呢！如果我把钟离昧留在身边，加以重用，恐怕我的大军已经攻破洛阳了！请皇上不要误信小人的谗言啊！臣对皇上的忠心天地可照、日月可鉴啊！"

刘邦想了想，说道："但是为什么会有人告你谋反呢？我看这不是空穴来风吧！你敢谋反，我一定要诛灭你的三族！"

韩信见刘邦有心置自己于死地，就说道："皇上，人家说'狡兔死，走狗烹；飞鸟尽，良弓藏；敌国破，谋臣亡'，现在天下已经太平，您不再需要我这样的大将军了。我的存在就成了对您的威胁了。这样看来，我韩信的死期已经到了。请皇上杀了我吧！"

刘邦见韩信已经把自己的心事全部说了出来，如果再杀他，就会显得自己真的是一个嫉妒有才能的人的君主了。于

是，他说道："我怎么会有这样的想法呢？你韩信也是我大汉王朝的开国功臣，我自然不会听信小人的谗言就杀了你。我一定要把这件事情查清楚，如果你确实要谋反，我就诛灭你的三族；如果你没有谋反，而是受了诬陷，我一定会还你一个公道，把诬陷你的人斩首示众。"

韩信知道刘邦这番话不过是说给众位大臣听的，想让他们知道他刘邦并没有嫉妒有才能的人。

不久，韩信想谋反的事情被查清了。所谓的谋反不过是子虚乌有的事情。刘邦虽然不想轻易放过韩信，但是想到既然没有证据说明他谋反，如果贸然杀了他，反而会招致满朝文武官员的不满。于是刘邦说道："楚王，我误听小人的谗言，抓错你了。请你不要怪罪我啊！我一定会把那个小人斩首示众，还你一个公道的。但是，你韩信出入郡县，带着成队的士兵显示威风，就是大逆不道的事情，为了惩罚你，我决定撤销你楚王的封号，改封你为淮阴侯！"

韩信既然知道刘邦无论如何也要削弱自己的实力，所以，他并不在意刘邦封他为楚王还是淮阴侯。而刘邦虽然改封韩信为淮阴侯，但是还是担心他回到楚地会起兵反抗自己，就把韩信留在了洛阳，并且派人监视他。

命丧长乐宫

被改封为淮阴侯以后，韩信深知刘邦嫉妒自己的才能，想把自己置于死地，就想尽一切办法隐藏自己的聪明和智

韩 信
HAN XIN

慧。有一天，刘邦派人去叫韩信到宫中参加宴会。韩信躺在床上，装出一副十分痛苦的样子对使者说："请替我向皇上请罪，我身染重病，不能进宫伺候皇上了。"

使者回到宫中，向刘邦汇报说："皇上，淮阴侯韩信身染重病，不能进宫参加宴会了。"

刘邦听了使者的回答，低头沉思了半天，对他说道："我知道这件事情了。请你再去韩信家里一趟，替我问候他。"使者领命去了。刘邦一个人静静地坐在椅子上，暗想："韩信这是怕我，故意躲起来不见我啊！这小子现在收敛多了，没有以前那么恃才傲物了。"

韩信也静静地坐在床上，自言自语地说："皇上啊，皇上，看来我只有变成傻子，你才肯放过我啊！"他想到了从前的一件事情。那也是在一次宴会上，刘邦和韩信像老朋友一样聊着天。聊着聊着，他们就聊到了军中的各位将军。

刘邦问韩信道："这些将领谁最能带兵呢？"

韩信把诸位将领逐个分析了一遍，每位将领各有差异，没有特别出众的人。刘邦见韩信分析得很有道理，就笑着问道："我能带领多少士兵呢？"

韩信看了看刘邦，说道："皇上最多只能指挥十万人马！"

刘邦"哦"了一声，又问道："那你能指挥多少军队呢？"

韩信自信地说："我指挥军队肯定是越多越好啊！"

刘邦见韩信如此自信，就笑着说："既然你有这么大的本事，指挥的军队是越多越好，为什么会臣服于我呢？"

韩信自知失言，忙说道："皇上不善于指挥军队，但是善于指挥将领啊！我不过是皇上属下的一名将领罢了。这正是我臣服皇上原因啊！而且皇上的力量是上天赐予的，不是人力可以达到的啊！"

刘邦听了韩信的话，十分开心。但是一想到韩信说自己最多不过能指挥十万军队，又开始忌恨起韩信来了。

想到这件事情，韩信行事更加谨慎了。但是韩信毕竟是个旷世奇才，他无论如何也不能把自己身上的那种才能掩饰得不见丝毫踪影。刘邦罢免了他的王位，他就感到十分羞辱，常常一个人在家里郁闷不已！现在他的地位不过是淮阴侯罢了，和从前自己的部将周勃、灌婴一样而已。周勃都是绛侯了，自己不过是一个淮阴侯。想到这些，韩信觉得十分耻辱。所以韩信也不愿意再见到周勃、灌婴等人。

◎灌婴（前？—前176）：睢阳（今河南省商丘市睢阳区）人，原为一个小商贩，后跟随刘邦起兵，因英勇善战，被任命为骑兵将领，曾带兵在乌江边上追击项羽，迫其自杀。西汉建立后，被封为颍阴侯，后来跟随刘邦平定了韩王信、臧荼、陈口、黥布等人的叛乱，功勋卓著。吕后死后，拥立汉文帝有功，升为太尉，后任宰相。

一天韩信闲来无事，就逛到了樊哙的府上。樊哙见韩信来了，忙跪在地上迎接他的到来，并对他说："大王屈驾驾临寒舍，臣感到不胜荣幸！"

韩信忙说道："将军不必如此啊！我现在已经不是楚王了，我不过是淮阴侯罢了！你何必对我称臣呢？"

韩信
HAN XIN

樊哙见韩信这样说，就伏在地上，磕头道："大王，您用兵如神，攻无不克，战无不胜，号称'兵仙'，又为皇上打下了半壁江山！您永远都是我的大王啊！"

韩信见樊哙牢记自己的功勋，并对自己如此恭敬，心中不胜感动。他对樊哙说道："将军也是大汉的开国功臣，以后万万不可对我这个淮阴侯行如此大礼了。"说着韩信走出了樊哙的将军府。

樊哙见韩信出门去了，又忙跪在地上送行。韩信见状，心里纵有万千滋味，也说不出口啊！想自己本是楚王，樊哙等人应该对自己行这样的礼节，但是现在自己已经不再是从前的韩信了，而不过是淮阴侯罢了，樊哙还对自己行诸侯之礼，自己确实担当不起啊！

不过，真的担当不起吗？韩信又想到自己战功赫赫，打下了大汉王朝的半壁江山，到头来不过封侯。想到这些，韩信笑了笑，说道："哎……我竟然只能与樊哙等人为伍了！"韩信言下之意，有不尽的凄凉。

从此以后，韩信日渐消沉了。

后来，刘邦封自己的亲信陈豨（xī）为巨鹿(今河北平乡西南)太守，镇守北方地区。陈豨素来仰慕韩信的才能，临行时，陈豨专程赶到他的家里去辞行。两人把酒言欢，依依不舍。离别的时间快要到了，韩信握着陈豨的手，心里有千万句话要说，可是又说不出来。陈豨见韩信欲言又止，就对他说："大将军，您有话不妨直说吧！我一切听从大将军的命令！"韩信之前曾经做过汉朝的大将军，也就是大元帅，所以陈豨称他为大将军。

韩信见陈豨已经知道自己有话要说，就对身边的人说：
"你们都下去吧，我和陈郡守要叙叙旧。"侍从得到韩信的
命令，都退了下去。韩信见状，就握着陈豨的手，一起来到
了院子中。他们在院子里散着步。韩信见左右无人，就对陈
豨说："皇上封你为巨鹿郡守，那里可是一个兵精将广之地
啊！当年我就是从赵地征召士兵，东进攻齐的。赵地的士兵
英勇善战，是天底下难得的精兵啊！"

　　陈豨见韩信说到精兵良将，立刻说道："大将军所指
何事？"

　　韩信问道："你难道想久居人之下吗？我想和你说一些
秘密的事情，请你保密！"

　　陈豨说道："请大将军放心，陈某虽死不会透露你我之
间的秘密。我也不愿久居人下啊！况且皇上已经取得了天
下，他一个一个地削弱开国功臣的权力，是担心他们会威胁
到自己的帝位啊！大将军用兵如神，攻无不克，战无不胜，
为大汉王朝打下了半壁江山，到头来还是一个淮阴侯。假若
他年我也为皇上立下战功，他也会这样对待我的啊！"

　　韩信叹道："我韩信对皇上忠心耿耿，最终还落个谋反
的罪名。如今既然有了谋反的罪名，我就要把这件事情做到
底。老弟是皇上的亲信，如果有人揭发你谋反，皇上会怎么
样呢？第一次他不会相信，第二次他就会有所怀疑，但是这
就已经够了。你就有足够的时间来准备起兵的事情了。等到
第三次有人向皇上揭发你谋反的时候，你已经准备好了一
切。到时候，就不用怕皇上亲自带兵来攻打你了。如果你起
兵，我从中为你谋划，天下就是你的了。"

陈豨知道韩信的本事，相信韩信说可以帮自己取得天下，就一定能够办到。他握着韩信的手说："大将军等着我的消息吧！我一旦准备好了，就请大将军从中为我谋划。到时候，我们共享天下！"

　　送走了陈豨，韩信把自己的聪明才智掩藏得更深了。他几乎不愿出门了。日子一天一天地过去，转眼就到了公元前197年。

　　陈豨经过三年多的准备已经积蓄了足够的力量，于是在巨鹿起兵反抗刘邦。有人向刘邦报告说："皇上，大事不好了！陈豨在巨鹿谋反了。"刘邦笑了笑说："你一定搞错了，陈豨是我亲信，他怎么会起兵反抗我呢？"

　　过了几天，又有一个人从北方风尘仆仆地来到洛阳宫中，对刘邦说："皇上，大事不好了。陈豨真的在巨鹿起兵，反抗皇上的统治了。"刘邦闻听，心下狐疑不定。他想："陈豨是我的亲信，他应该不会起兵反抗我才对啊！不过仅仅几天时间就已经有两个人向我报告陈豨起兵了。看来这件事情不会是空穴来风啊！"

　　刘邦正想派人去调查清楚这件事情，又有一个人匆匆忙忙地闯进宫中，上气不接下气地对刘邦说："皇上，大事不好了！"

　　刘邦见他匆匆忙忙闯进宫中，又上气不接下气的样子，就问道："什么大事不好了，你这么慌慌张张的？"

　　那人急忙对刘邦说："皇上，陈豨在巨鹿聚集了数万军队，准备反抗皇上您呢！"

　　刘邦听了第三个人的汇报，勃然大怒道："立刻集合国

中的部队，我要御驾亲征，去平定陈豨这个贼人。各位认为有谁可以和我一起带兵出征呢？"

众人纷纷向刘邦推荐英勇善战的将军。刘邦听了他们的汇报，摇了摇头说："赵地士兵英勇善战，我此去御驾亲征一定要一举消灭叛军。你们向我推荐的这些人啊，可以领兵打仗，但是他们都没有能力一举消灭叛军啊！"

说完，刘邦挥了挥手，示意百官们都退下去，独自一人开始低头沉思起来。文武百官见刘邦这样，急忙退了下去，只有陈平一个人留了下来。刘邦沉思了半天，抬头发现陈平还在殿下，就惊讶地问道："百官都已经退了下去，你还留在这里做什么呢？你也退下去吧！"

陈平忙说道："皇上，其实您的心里已经想到了一个人。但是您又担心无法控制他啊！"

刘邦看了看陈平，笑着说："你陈平就是我肚子里的蛔虫啊！如果不是你对我忠心耿耿，我也会担心你的聪明会对我有威胁的！"

陈平听了刘邦的话，急忙跪下说："皇上，臣对皇上忠心耿耿，天地可照、日月可鉴啊！"

刘邦抬了抬手，示意陈平起身。陈平站起来对刘邦说："皇上，真正有把握一举攻下陈豨的恐怕只有淮阴侯韩信了。"

刘邦叹了口气说："我也是这样想的啊！不过这个韩信，我对他始终不放心。他用兵如神，攻无不克，战无不胜，号称'兵仙'。万一他临阵倒戈，我哪里是他的对手啊！到时候，恐怕连我的帝位都不保了啊！"

韩 信
HAN XIN

陈平见刘邦始终担心韩信谋反，就说道："大王多虑了！韩信为人多情重诺，对皇上十分忠心。只要皇上不屡屡怀疑他，他肯定不会谋反的。如果要谋反，韩信早在您和项羽对阵的时候就谋反了；如果要谋反，韩信早在您游历云梦的时候就谋反了。"

刘邦摇了摇头说："此一时，彼一时啊！你不了解韩信的为人！当时韩信自然不会谋反，不过现在形势不同了。我最宠信的郡守陈豨在赵地的巨鹿谋反，韩信和他有故交，怎么会帮助我呢！而且韩信在赵地的威望特别高，只要他振臂一呼，赵地的百姓都会投靠他的啊！"

陈平见刘邦顾虑重重，就问道："那皇上想一想，还有谁可以带兵一举攻破巨鹿，平定陈豨的谋反呢？"

刘邦听了陈平的话，情绪十分低落，他摇了摇头，说道："除了韩信，恐怕再也没有人有把握一举平定陈豨的谋反了！"

陈平想了想，说道："皇上，臣倒有一个两全其美的办法。皇上御驾亲征，攻打陈豨，要韩信在帐下做一名参谋，不要给他兵权。韩信的计策已出，皇上另派将领去执行便是了。"

刘邦听了陈平的建议，大喜道："这倒是一个好办法。你立刻去韩信的府上，传我的旨意，要韩信随我御驾亲征！"

陈平领命往韩信的家里去。此时，韩信已得知陈豨在巨鹿起兵，他正在考虑如何配合陈豨，一举消灭刘邦及其党羽，家人忽然来报，说："陈平来访！"

韩信心里大惊，他想："陈平是皇上的心腹，他突然来访，莫非是皇上要我领兵出征陈豨！"想着，韩信整理衣衫，出去会见陈平。

陈平见了韩信，两人寒暄一番。陈平对韩信说道："淮阴侯领兵打仗，攻无不克，战无不胜，号称'当世兵仙'。陈豨在巨鹿谋反，皇上旨在一举消灭他的叛军。满朝上下，唯有淮阴侯随皇上御驾亲征，出谋划策，才有这个把握啊！皇上派我来告知淮阴侯，请准备出征的事情。"

韩信见刘邦要御驾亲征，让自己在帐下出谋划策，就知道刘邦还是信不过自己，心里略微不快。但是他又想到："皇上要御驾亲征还是想到了我啊！他对我的军事才能还是十分看重的！但是这个陈平口口声声称我为淮阴侯，难道不知我曾为楚王？简直欺人太甚啊！"想到这里，韩信对陈平说道："皇上还想着我韩信啊！请向皇上汇报，我韩信一定随皇上出征，一举平叛陈豨的叛军。"

陈平走了以后，韩信的心里复杂极了。他静静地坐在房间内，想："陈豨和我是好朋友啊！如果我带兵出征他，那是对朋友不义啊！当初我杀钟离昧向皇上献媚，不但没有得到皇上的信赖，还被剥夺了楚王的封号，我也落了个不义的骂名。陈豨临行的时候，我也曾暗示过他起兵，这件事情我也有份啊！如果我现在又带兵去平定他，岂不是不仁不义！不过皇上对我有知遇之恩。虽然他对我有种种猜忌，但在关键时候还是想到了我啊！"想了很久，韩信决定随刘邦出征，去说服陈豨，归顺刘邦，再向刘邦求情，饶恕陈豨的罪过。主意已定，韩信如释重负地休息去了。

而自派陈平去告诉韩信随自己出征以后，刘邦在宫中坐立不安，他始终认为韩信对自己是一个极大的威胁。他想："开国三位功臣中，萧何为相国，他可以制定法律，舞文弄墨，安抚百姓，但是他不能带兵打仗啊。所以他对我的帝位不存在威胁。张良运筹帷幄，决胜千里，但也不能领兵，所以他对我也构不成威胁。况且，张良现在已经称病在家，不问政事了。韩信啊，韩信！韩信指挥百万之师，攻城略地，从没有失败过。而且他帮我打下了黄河以北的广大地区。可以说，大汉王朝的半壁江山都是韩信的功劳啊！不久前，我又借口他要谋反，取消了他楚王的封号，他一定会对我怀恨在心的。此次御驾亲征，有韩信在身边，我始终觉得不安全啊！"

想到这里，刘邦又决定不要韩信跟随自己出征了。刘邦马上把韩信召进宫中，对他说："我听说你近来身体欠安。

陈豨在巨鹿起兵造反，我本来要你随我出征的。但是巨鹿远在北方，天寒地冻，军旅困苦，我怕你身体承受不住啊！"

韩信是何等聪明的人啊！他听刘邦这样说，顿时明白了刘邦是担心自己会在远征的路上起兵啊！他立刻对刘邦说："多谢皇上对臣的关爱，臣不胜感激。不过臣的身体多病，不适合远征，恐怕难以担当大任。请皇上另选有才能的人，让臣在家养病吧！"

刘邦见韩信主动请求在家养病，解除了自己心中的一大患，十分开心。他对韩信说："你就在家里安心养病，等着我取胜的好消息吧！"

韩信怅然若失地退了出去。他本来以为刘邦还记得自己的功劳和军事能力，现在看来，刘邦还是忌恨自己的能力啊！韩信想到这里，心里十分痛苦。他回到家里，立刻改变了原来的想法，决定派人去和陈豨联系，自己在洛阳配合陈豨，趁刘邦御驾亲征的时机杀掉吕后和太子，自己登基称帝。

韩信把几个心腹家臣叫来，在密室里商量起兵配合陈豨的事情。韩信对他们说："诸位，我韩信战功累累，替皇上打下了半壁江山，到头来不过官封淮阴侯。而且皇上屡次怀疑我要谋反，害我落下了不忠不义的骂名。与其平白无故地落个骂名，不如起兵。现在陈豨在巨鹿起兵，皇上决定御驾亲征，我们何不在洛阳趁此机会杀掉吕后和太子，另立皇帝呢！"

众人向来同情韩信的遭遇，他们见韩信要起兵，纷纷表示愿意以死相报。韩信见状，十分感动。随后，他吩咐道：

"皇上一旦出了洛阳，我们就假称受了皇上密诏，释放洛阳城里各位王公贵族的家奴，再把这些家奴武装起来，借机冲进皇宫，杀掉吕后和太子。吕后和太子一死，陈豨必定和皇上死战，到时候天下就是我们的了。"

众人见韩信布置得十分严密，都很佩服他的智慧。他们得了命令，纷纷准备去了。韩信则派人去和陈豨联系。使者到了巨鹿，对陈豨说："郡守，大将军韩信派我来拜见您。"说着，使者把韩信的密信呈了上去。

陈豨见韩信的使者到了，大喜道："有大将军助我，何愁不取天下啊！"他接过使者递来的密信，拆开一看，只见上面略略数行，写道："老弟在巨鹿起兵，我在洛阳配合。"

陈豨十分高兴，仿佛起兵已经成功一样。他相信只要韩信在洛阳配合自己，吕后和太子一定会命丧黄泉。吕后和太子一死，刘邦岂会恋战，取得天下只在旦夕之间了。

韩信派出使者后，一边在家里等着陈豨的消息，一边暗暗谋划起兵的事情。就在这时，出了一个变故。突如其来的变故不但毁了韩信一生的英明，也要了韩信的性命。

乐说是韩信手下的一个小臣，他是一个贪婪的小人。他见韩信不受刘邦和吕后的重用，想到自己在他的门下没有出头之日，就打算趁机多搜刮一些财富！乐说想到这些，就假冒韩信之名，到韩信的旧部中勒索了很多金银财宝，据为己有。韩信得知这件事情，十分生气，立刻把乐说囚禁了起来，准备杀了他以儆效尤。乐说的弟弟乐和也是一个狡诈的小人。他见韩信要杀自己的哥哥，就悄悄地来到宫中，求见

吕后，把韩信要起兵的事情告诉了她。

乐和说："皇后，韩信在暗中谋划配合陈豨起兵，要在洛阳杀了皇后和太子。"

吕后听了乐和的汇报，心里十分高兴。因为她和刘邦一直想找借口把韩信杀了。现在她见有人来告韩信谋反，心想终于可以名正言顺地把韩信杀掉了。她暗想："韩信啊，韩信，你号称'兵仙'，攻无不克，战无不胜。你一旦起兵，我们都不是你的对手啊！况且现在你已经替我刘家打下了半壁江山，留着你也没有什么作用了。你一天不死，我就一天不得安宁啊！"

吕后下决心这次一定要把韩信置之死地，因为吕后也想谋反，她想独掌大权。满朝之中，能对她构成威胁的只有张良和韩信。张良已经称病在家，不问政事了。现在她最大的威胁就是这个号称'兵仙'的韩信了。韩信一死，满朝之中就再也没有能对她构成威胁的人了。到时候，只要刘邦一死，太子就会完全落入她的掌控之中了。

想到这里，吕后派人把相国萧何叫到了宫中。她对萧何说："萧相国，韩信企图配合陈豨在洛阳谋反，杀掉我和太子，自己登基称帝。你看我们该怎么办呢？"

萧何听吕后说韩信要谋反，顿时吓了一跳。他十分了解韩信的为人，不相信韩信会谋反，但是他也了解吕后和刘邦的为人，一定是他们把韩信逼到了绝路。想到这里，萧何立刻说："皇后，淮阴侯韩信对大汉王朝一向忠心耿耿，为皇上打下了半壁江山，怎么会谋反呢？请皇后不要误听小人的谗言啊！"

吕后见萧何为韩信开脱，就声色俱厉地说道："萧相国，淮阴侯谋反证据确凿，你不必为他开脱。我知道你与韩信私交不错，当年就是因为你的力荐，皇上才封他为大将军的。韩信对你的知遇之恩一直心怀感激，你也一直对他钦佩有加！但是，现在事关我朝安危，我一定要诛韩信满门。不过韩信用兵如神，攻无不克，战无不胜，如果给他机会起兵，我和太子就要成为他的剑下亡魂了。所以，我们一定要趁韩信还没有准备好的时候，就置他于死地。"

　　萧何见吕后已经决定置韩信于死地，虽然心里难过，但是也没有办法。因为萧何为人一向懦弱，他只会顺着刘邦的旨意行事，以便明哲保身。他想到如今刘邦御驾亲征，吕后在朝中独掌大权。一旦得罪吕后，自己的性命恐怕也保不住了。于是，他对吕后说："一切听从皇后的安排！"

　　吕后见萧何惧怕自己的权势，答应帮忙杀了韩信，就笑道："萧相国一向对皇上和我忠心耿耿，劳苦功高。只要杀了韩信，你就又立了一件大功啊！"

　　萧何听了吕后的话，吓得直哆嗦，不敢说一句话。吕后见萧何的样子，心里暗笑，接着说道："你对韩信有知遇之恩，你去把他骗到宫中，我趁机叫人杀了他。你就对他说：'皇上已经派人从前线传回消息，陈豨的叛军已经被平定了，陈豨兵败自杀。群臣都在宫中祝贺这件事情呢！你也去到宫中向皇后表示祝贺吧！'我想，就凭你对韩信的知遇之恩，他虽然有所怀疑，也不会推辞的。"

　　萧何听了吕后的毒计，心中一阵颤抖："所谓'最毒妇人心'，现在看来一点也没有错啊！韩信啊，韩信，你不要

怪我啊！如果我不去骗你，恐怕我和家人的性命也保不住了啊！"

萧何听从吕后的命令，来到了韩信的家里。韩信闻听萧何来访，忙起身迎接。韩信对萧何说道："恩公来访，不知有何赐教啊？"

萧何勉强笑了笑，说道："我是来告诉您一个好消息的啊！皇上已经派人从前线传回消息，陈豨的叛军已经被平定了，陈豨兵败自杀。群臣都在宫中祝贺这件事情呢！你也去到宫中向皇后表示祝贺吧！"

韩信听到陈豨兵败自杀，顿时起了疑心。他想："陈豨拥有代、赵之地的士兵。他们英勇善战，怎么会被皇上一举平定呢？这件事情恐怕另有蹊跷啊！皇上御驾亲征，吕后独揽大权，恩公萧何生性懦弱，恐怕是吕后逼着恩公来骗我到宫中要杀了我啊！"

想到这里，韩信顿时慌乱了起来。他对萧何说："恩公，我也想到宫中向皇后祝贺，无奈我的身体多病，行动不便，怕去不成啊！"

萧何见韩信起了疑心，就说道："淮阴侯不必多虑！虽然你身体多病，但这是朝中的一件大事啊！您还是亲自走一趟，到宫中去祝贺吧！"

韩信见萧何坚持要自己到宫中走一趟，心里更加明白这是一个圈套了。但是萧何对韩信有知遇之恩啊！如果不是萧何当年的力荐，韩信怎么会官封楚王呢！虽然后来刘邦借口韩信谋反，取消了韩信的王位，但是这些和萧何无关啊！如今恩公被吕后逼迫，如果不去，恐怕恩公和他的家人都要遭

殃了。想到这
里，韩信决定用自
己的性命换取萧何和
萧何家人的平安。他对
萧何说："请恩公先行，
韩信随后就到。"

萧何本希望韩信拒绝
自己。他已经做好为韩信
牺牲的准备，看到韩信突然答
应了自己，他就知道韩信是为了报答
自己的知遇之恩啊！

萧何怅然若失地走了，先行到了宫中，向吕后报告了一切。吕后已经在长乐宫中埋伏下了几十个勇士，就等着韩信了。

韩信到了宫中，侍卫告诉他吕后已经在长乐宫等候他多时了。韩信于是慢慢地往长乐宫走去。一进长乐宫，看到吕后高高地坐在正中，萧何站在阶下，却不见其他大臣，韩信顿时明白了一切。他仰天长叹道："我后悔啊！如果我当初采纳了蒯彻的建议，今天也不会被你们这帮小人算计啊！这是上天要灭我韩信啊！"

吕后见韩信只身来到长乐宫，立刻下令武士们把他绑了起来，可怜一代"兵仙"——韩信就这样命丧长乐宫了。

号称"兵仙"的韩信没有战死在沙场上，而是被一个妇人用毒计害死了。也正是因为韩信是"兵仙"，百战百胜，注定不会死在战场上。但是谁又能预料，他竟然死在一个妇人的手上呢？

韩信死后，吕后担心韩信的家人会报复自己，立刻下令把他的三族全部诛灭了。萧何见吕后不但杀了韩信，还灭了他的三族，心里十分愧疚。

自此，萧何十分忌恨吕后。若干年后，刘邦去世了，萧何想到韩信，想到害死韩信的吕后还在独揽大权，就联合陈平等人把吕后赶下台去，囚禁起来了。

韩信 生平大事年表

公元前230年前后 韩信出生在楚国一个贵族之家。由于史料记载不全，韩信具体的出生年月和父母均无可考。

公元前223年 秦王嬴政灭楚国，俘虏了楚王，韩信一家被贬为平民。

公元前209年 陈胜、吴广在大泽乡起义，项梁与项羽在江东起兵响应。韩信准备投靠项梁。

公元前208年二月 项梁与项羽带兵渡过淮河。同年三月，韩信投靠项梁。

公元前208年九月 项梁兵败定陶，被乱军杀死，韩信转归项羽帐下，任郎中。

公元前206年四月 韩信脱离项羽，投奔刘邦，任连敖。

公元前206年八月 韩信因没有得到刘邦的重用，逃离汉营。丞相萧何认为韩信是旷古奇才，连夜把韩信追了回来。韩信向刘邦献上"北定关中，东争天下"的策略。同月，韩信向刘邦献上"明修栈道，暗度陈仓"之计。韩信辅佐刘邦打败章邯，并把章邯围困在废丘城里。

公元前205年五月 刘邦兵败彭城，带兵退守到荥阳。韩信从关中带兵来到荥阳，在京、索之间打败项羽的追兵，救了刘邦。刘邦与项羽在荥阳对峙。

公元前205年九月 韩信平定西魏，俘虏了魏王豹。

公元前204年六月 刘邦在荥阳、成皋一线败给项羽，逃到赵国修武韩信的军中，夺了韩信的兵权。同月，刘邦封韩信为相国，命令韩信在赵地征召士兵，准备攻打齐国。

公元前204年闰九月 韩信请求刘邦进攻代、赵两个诸侯国。刘邦派张耳辅佐韩信。韩信带兵打败代国的军队，俘虏了代国丞相夏说。

公元前204年十月 韩信带兵从太行山井陉口出兵，背水列阵，大败赵国的军队，杀死了陈余，俘虏了赵王歇。同月，韩信采用广武君李左车的建议，招降了燕国。

公元前203年二月　刘邦派张良为使者封韩信为齐王。蒯彻劝韩信背汉独立，和刘邦、项羽三分天下，韩信不听。

公元前203年八月　刘邦和项羽达成中分天下的协议。九月，刘邦背约，率兵从背后偷袭项羽。刘邦与韩信、彭越约定共同攻打项羽。公元前203年十一月　韩信用水淹的办法，在潍水大败龙且，夹破项羽派出的二十万大军，斩杀龙且，追击齐王田广，并在城阳杀了田广。随后平定齐国。

公元前203年十二月　韩信请求刘邦立张耳为赵王，刘邦听从了韩信的建议。同月，韩信又请求刘邦立自己为齐国的假王。

公元前202年一月　韩信与韩王信、淮南王黥布等拥立刘邦为皇帝。汉高祖刘邦改封韩信为楚王，定都下邳。

公元前202年五月　韩信回到楚国，报答曾经帮助过自己的老婆婆，赐给她千金；赐给南昌亭长百钱，封侮辱过自己的杀猪少年为中尉。

公元前202年十二月　韩信用"十面埋伏、四面楚歌"的计策，在垓下大败项羽。项羽在乌江边上自杀身亡。刘邦突然解除韩信的兵权。

公元前201年四月　刘邦撤销韩信楚王封号，被贬为淮阴侯。从此，韩信在长安闲居，和张良一起整理兵法。

公元前201年十月　有人告发韩信谋反，刘邦用陈平的计策，假装游历云梦，准备捉拿韩信。

公元前201年十二月　刘邦在陈大会诸侯，韩信被擒，押送至洛阳。

公元前197年八月　陈豨在赵地起兵反抗刘邦。韩信准备在长安响应。

公元前196年十月　刘邦御驾亲征，攻打陈豨。韩信在长安准备起兵。

公元前196年十二月　吕后和萧何用计把韩信骗到长乐宫杀害。